発達障害の子の
アマトレの
ススメ

甘えを育てながら
自己肯定感を高める
発達支援

発達支援教室クローバー代表・保健師
細井 晴代 著

はじめに

　私が運営する「発達支援教室クローバー」で出会う親ごさんたちの主な悩みは、ことばが出ない、指示を聞いてくれない、コミュニケーションをしない、かんしゃく、暴言暴力、学校の教室を脱走する、です。
　親ごさんたちは、「子どもが将来、このままだったら困る」と不安でいっぱいな様子に見受けられます。
　少しでも発達してほしい、親子のコミュニケーションをしたい、子どものことをわかりたい、という願いはあるけれど、どうしたらいいかわからなくて通い始めてくださっています。

　教室では、子どもを理解し、わかりやすく教えて、喜び、定着させる、という教育をしていました。
　しかし、ひどいかんしゃくがある子、ひどい暴言暴力がある子、ことばがなくてかかわりが難しい子には、なかなか効果がありませんでした。私は、教育の前段階の支援が必要なのだろうと感じていました。この子たちに向き合えるようになるためには何が必要だろうかと、日々考えていました。

　そこで、出会ったのが【ゆるし】でした。そして、【なぐさめ】です。それらを融合させて生まれたのが、甘えを育てる【アマトレ】です。

私は、私自身が甘え下手で、甘えを育てるのも下手でした。ですから、長男は甘え下手にさせてしまったし、次男もひっくり返るし、長女もあまり自己主張しなかった、というような状況でした。

　そして、私は常にがんばっていました。フルタイムの仕事のあとは、子どもと向き合うどころかすることに追われて、同僚と「帰ったら戦場だよね」と、自らの余裕のなさを自慢し合う生活をしていました。ちっとも楽しくありませんでした。
　甘え下手でがんばっていると、同僚ともあまりうまくいっていなかったように思います。ストレスを抱え、余裕をなくし、さらに孤立していくのです。

　それから数年後、「発達支援教室クローバー」を起業してから転機が訪れました。ある人から、「ゆるしだね」と言っていただいたことです。
　教室で、突破できない難しさを抱えているときでした。子どもの気持ちを読みとっても、子どもが心を開き、苦しむことなく楽しく発達支援をすることが難しいと感じていました。
　私は、「ゆるし」という課題を与えられたと感じました。「ゆるし」について、コミュニケーションについて、改めて学びなおしました。
　どうしたら、苦しまず、楽しく、発達支援をすることができるのだろう？指導や刺激をせずに、子どもが学んでいけるようにするにはどうしたらいいのだろう？試行錯誤が始まりました。

そのうちに、また大切なことに気づきました。コミュニケーションの本質です。

　人は人と向き合えば、自然と行動を学べます。簡単に言うと、発達凸凹さんだから「できない」として向き合わないのではなく、一人の人間として、喜怒哀楽に向き合っていくことで、「生きていく力」の教育ができることに気がついたのです。

　私は、発達障害児の特性の緩和と、親子関係の改善のために研究をしてきました。はじめは、増田樹郎氏（臨床哲学者）にコミュニケーションの基礎を学び、小林隆児氏（発達心理学者）の研究から愛着が自閉症の症状を緩和させることを知り、親子関係を良好にすることに関心があった私は試して、効果を実証しました。

　その後、より生活に密着した気持ちのコントロールが必要となり、今までの知識と経験、そして大河原美以氏（臨床心理学者）の感情コントロールの研究を参考にして、今のアマトレの原型ができあがりました。先人たちの研究に感謝いたします。

　本書では、教室で実践しているアマトレを、親ごさんがご家庭で実践しやすいように、できるだけ具体的にお伝えしています。

　アマトレの基本を知ってもらう考え方編、アマトレを使って行動を改善していく応用編、コミュニケーション編で構成されています。

　ぜひ、ご家庭でひとつの事象からでも実践してみてください。

2024年7月　細井 晴代

はじめに ……………………………………………………… 3

1部　甘えを育てるアマトレの基本

1章　"甘えが育つ"と子どもも大人も ……………………… 9
　　　いろいろなことが見えてくる

2章　アマトレの基本 ……………………………………… 19

3章　アマトレで問題行動を改善 ①　食事編 …………… 31
　　　A　おやつ ……………………………………………… 34
　　　B　ごはん ……………………………………………… 42

4章　アマトレで問題行動を改善 ②　園・学校編 ……… 59
　　　C　園・学校 …………………………………………… 60

5章　アマトレで問題行動を改善 ③　生活編 …………… 79
　　　D　生　活 ……………………………………………… 80
　　　E　危険行為 …………………………………………… 90

2部　アマトレ応用編

6章　アマトレでできることを増やす …… 99
　1　座っていられる時間を伸ばしたい …… 100
　2　難しい問題に取り組みたい …… 106
　3　苦手を克服したい …… 112
　4　あいさつができるようになりたい …… 114

3部　アマトレでコミュニケーションを育てる

7章　良好なコミュニケーションの基本 …… 121

8章　アマトレで気持ちをコントロールする …… 137

9章　アマトレで人とのコミュニケーションを育てる …… 161

親ごさん（自分）の甘えを育てるアマトレ Q＆A …… 176

さいごに …… 182

もくじ　7

1部

甘えを育てるアマトレの基本

1章

"甘えが育つ"と子どもも大人もいろいろなことが見えてくる

"甘え"って何？

●「甘えさせる」って、どういうこと？

「甘えさせるってどういうことですか？」と、よく聞かれます。
　私は、「気持ちを受けとめて、"よしよし"することです」と答えます。

　「甘えさせる」は、泣いている子どもを泣きやませるためにおもちゃを見せて、「泣かないの」と言ったり、転ばないように手を尽くすことではありません。

　「甘えさせる」は、たとえば、子どもが転んで痛がって泣いているとき、"痛い"と感じている子どもの気持ちを受けとめて、「痛いね」と声をかけて患部をさする（よしよしする）ことです。

　ただただ、子どもの感じる気持ちに寄り添って、よしよしするだけでよいのです。それだけで、十分に甘えさせたことになり、子どもは満足して次のステップに進めるようになります。

●「甘え」って、どういうことを言うの？

　また、「甘えってなんですか？」ともよく聞かれます。

　私は、「『相手のそばにいたい』『ひっつきたい』『かまってほしい』『わかってほしい』という思いからする、いろいろな行動ですよ」と答えます。

　いろいろな行動には、素直な行動から、とても不器用な行動まであります。素直な行動には、「抱っこして」とか、「〇〇やって」などがあります。

　不器用な行動には、一見甘えているように思えない行動がたくさんあります。たとえば、「駄々こね」、「ふてくされる」、「すねる」などです。

　これらの行動には、心の根っこでは、「かまってほしい」「わかってほしい」があるのです。実は、一生懸命に「不器用に甘えている」のです。不器用に甘えている率は、結構高いのかもしれません。

● 甘え下手（不器用な甘え）な子どもの

　コミュニケーションが苦手な子どもの甘えは、独特なことがよくあります。
　コミュニケーションが苦手な子どもの多くは、「人が好きスイッチ」が入っていないために、人との世界を「怖い」と感じてしまい、甘え下手（不器用な甘え）になっているのです。

　たとえば、親ごさんを求めるようになってくると、近づいては離れ、離れては近づき、というような行動（接近回避行動と呼ばれます）が出てきます。
　これは、まさしく「甘えたいけど、甘えられない」、または、「甘えたいけど、甘えたくない」という、不器用な甘えのひとつです。

そのうちに、親ごさんに安心できるようになってくると、背中からぶつかってくるなどの行動をとるようになってきます。
　親ごさんにお聞きすると、「子どもが何かに怒っていて、私に嫌がらせをしているのだと思う」とおっしゃる方も多いです。そう感じるのも当然です。力いっぱい、思いっきりくることもあるので。でも、これも必死に甘えているのです。

　クレーン現象（人の手を道具のように使う現象）も、「不器用に甘えている」と言っている研究者もいます。

　子どもは、いろいろな方法を使って甘えようとしています。ちょっと気になる行動をしたり、うっとうしいような行動も、子どもの気持ちでは「甘えている」のかもしれません。
　そんなときには、ぜひ、「甘えているのね」という目で子どもを見てみてください。

"甘え"が育つとどうなるの？

● 親ごさんと子どもの自信につながる

　親ごさんから、「子どもが自分を求めてくれない、自分は親失格だ」ということばをよく聞きます。
　親ごさんは、自分を責めてしまい、余裕がなくなって、子どもの甘えを受けとれなくなってしまうこともあります。そして、悪循環になっていることも多く見られます。

　たとえば、子どもは不器用に甘えているのですが、親ごさんからするとうっとうしいので叱ってしまいます。叱ってしまうと、子どもは自分の気持ちを受けとめてもらっていないと感じ、より不器用に甘えます。
　そして、問題行動を起こすことに……すると、親ごさんはまた叱る……そんな悪循環です。

　「子どもが自分に甘えてくること」は、子育てにおいてとても大切なことです。「子どもの甘え」は、親ごさんと子どもの間を心地よくさせていきます。そして、親ごさんの子育ての自信につながります。

● 問題行動の改善につながる

　問題行動を改善していくときにも、甘えは大切です。改善していくためにはまず、「子どもをわかろうとすること」が大切です。子どもは、「自分をわかろうとしてくれている」を敏感に察知して、大人への信頼を培っていきます。そして、子どもの甘えが育ちます。

　人は、「わかってもらえている」と感じると、相手の言い分もわかろうとするものです。子どもも、自分をわかってくれる人が「やめてほしい」と言っている理由を、"わかろう"とするのです。これは、どんな人間関係でも同じです。

　問題行動が不器用な甘えになっている場合も、「素直に甘えれば応えてくれる」という関係性をつくっていくことで、問題行動が徐々に減っていきます。
　信頼を培い、親ごさんに甘えられるようになった子どもは、親ごさんの言うことを、「理解しよう」「実行しよう」と行動するようになるのです。

● 落ち着きが生まれ、学べる機会が増える

　本来、子どもは親ごさんから、人との関係や、安心して生きていくための知恵など、いろいろなことを学びます。
　しかし、集団が怖いと感じている子どもは、本来生まれたときから入っているはずの「人が好きスイッチ」が入っていないために、"人が怖い"状態にいます。

　"人が怖い"状態にいるため、親ごさんにも甘え下手になっていて、親ごさんのほうを見て学ぶことも苦手です。
　だから、どうしても"人が怖い"まま、人と上手にかかわれず、「人から学ぶ機会」を失ってしまっています。

　甘えが育つと、"人が怖い"と感じることが少なくなり、人から学べるようになります。すると、だんだんと周りのことがわかってきて、落ち着き始めます。

　落ち着いている子どもは、人から学べる機会が増えます。学ぶことで、いろいろなことがわかってきて、さらに周りが怖いと感じなくなり、さらに落ち着く、という好循環が生まれます。

● 将来、人に頼れる人になる

"愛されキャラ"、それは、甘えられる人、わかりやすい人です。あなたの周りの愛される人は、そんな人ではないですか？

子どもは、人に甘えられるようになると、「自分は、人にかまってもらえる価値がある」と思えるようになってきます。すると、人に協力してもらうことができるようになります。素直に人に頼れる人は、かわいがられるものです。
"気持ちを素直に伝えて頼める"これができるだけで、"愛されキャラ"になれるのです。

将来、苦労を一人で抱え込んでしまい、心が不健康になってしまうことも避けられます。二次障害にもなりにくくなります。
甘えられることで、子どもが将来孤立せずに、上手に人に頼って、楽しく過ごしていくことにつながるのです。

1章　"甘えが育つ"と子どもも大人もいろいろなことが見えてくる

"甘え"を育てるアマトレの最終目標

● 甘えとコミュニケーション　発達過程

甘えの発達段階	状態
親の存在があればいい時期	目は合わない・自分の世界
屈折した甘えの時期	クレーン現象・駄々こねなど不器用に甘える
親への素直な甘えが出てきた時期	「やって」「抱っこして」など素直に頼む・くっつきたくてくっつく
周囲の人への甘えが出てきた時期	周囲にも頼める・周囲にくっつく・一緒に遊べる
子どもの甘えが定着してきた時期	素直に甘えられる・やりとりがスムーズ
親が子どもの甘えを自覚した時期	親子間にほっとする関係が築かれる・自己肯定感が上がる

　アマトレの最終目標は、素直に甘える・頼れるようになり、やりとりがスムーズになって、自己肯定感を上げることです。

2章

アマトレの基本

ぎゅー

アマトレの基本

アマトレの"甘えが育つコツ"をとても簡単に言うと、
① わかるよ、② よしよし、③ ぎゅー、です。

左の"甘えが育つコツ"を基本に、甘えを深めるための基本姿勢があります。それは、1　理解される、2　見守られる、3　なぐさめられる、4　安全、5　触れ合うです。

1　理解される

　先でもお伝えしたように、「わかってもらえている」「人から理解されている」と感じることは、甘えを育てるうえでとても重要です。

　人は、"理解されること"によって安心ができて、強くなれます。力を得て、次に挑戦していけるようになります。

　「子どもが何を感じているのか？」、「どんな気持ちでいるのか？」、「なぜその行動をしたのか？」を理解して、「わかるよ。○○な気持ちだね」と言ってあげましょう。

　"理解する"は、「どんなときでも」です。かんしゃくがひどくなるときなどに、どうしても「子どものかんしゃくを、おさめたい」「静かにさせたい」と考えてしまいます。それは、周囲の目が気になる、隣の家に迷惑がかかるなどの理由があるので当然です。

　しかし、子どものかんしゃくの気持ちを受けとめて、理解し、よしよしを先延ばしにしてしまうと、そのかんしゃくは今後も続くことになります。

　子どものかんしゃくの理由を理解して、「わかるよ、よしよし、ぎゅー」で、子どもが次に挑戦する力をサポートしてください。

2　見守られる

"見守る"とは、「気を付けて大切にすること」「成り行きを観察すること」です。つまり、「見ているけれど、手を出さずに信じて待つこと」です。

大切な子だからこそ、失敗させたくなくて手や口を出してしまいます。しかし、それは、"子どもの力を信じていない""子どもにはできないと思っている"ことを、子どもに暗に伝えていることにもなります。すると、子どもはその大人の気持ちに応えて、できなくなっていってしまいます。

人は、失敗するから工夫して、賢くなっていくのです。また、自分の行動の結果を受けとめることで、自信もついていきます。だから、失敗を恐れてはいけません。じっと見守り、信じて待ってください。

結果がなんにせよ、子どもの失敗の気持ちを受けとめて、「**わかるよ、よしよし、ぎゅー**」で、子どもが自分で失敗を受けとめるのをサポートしてください。

ことばの理解が、"感情コントロール"に

　感情コントロールは、気持ちにことばの名称がつくことによって可能になります。つまり、感情を表すことばが身についたときに、そのことばの感情コントロールができてくるわけです。

　子どもは気持ちのことばが整理できていないうちは、すべて「ざわざわ」「もやもや」という形で気持ちをとらえています。気持ちのことばが身についていないと、行動で反応を表すことが多いです。

　たとえば、「疲れた」と感じたら、椅子からずり落ちたり、床で寝そべったり、ふざける、イメージに逃げるなどの行動で「もやもや」した感情を表します。「つまらない」は、脱走したり、イメージに逃げるなど。「暑い」ときは、ぐったりする、脱走する、イメージに逃げる、服を脱ぐ、怒る、扇ぐなどです。「つらい」は、椅子からずり落ちる、脱走する、イメージに逃げる、泣く、怒る、破る、捨てる、落とす、噛む、頭突き、叩く、暴言、など。「うれしい、楽しい」は、噛む、頭突き、体あたり、叩く、締め付けるなど。「悲しい」は、自傷行為（頭をぶつける、爪噛み）、暴力、暴言、怒る、泣く、イメージに逃げるなど。「さみしい」は、自傷行為（頭をぶつける、つめ噛み）、暴言、暴力、怒る、泣く、イメージに逃げるなどです。

　気持ちのことばは、子どもの感じているであろう気持ちを汲みとって、ことばにして、子どもに伝える（返す）ことで、身についていきます。気持ちのことばの学習は、気持ちをことばにしてもらうことが必要なのです。

3　なぐさめられる

　"なぐさめる"とは、さみしさ・悲しみ・苦しみなどを、なだめ、いたわることです。つまり、「不快な感情をいたわる」ことです。

　人は、安心できる人に不快な感情を、「わかるよ、よしよし」と受けとめてもらうと、そのなぐさめてもらった経験が身について、自分で自分をなぐさめられるようになっていきます。

　つまり、耐える力は、"なぐさめられる"ことでついていくのです。決して、つき放す、きびしくすることでつくものではありません。

　不快な感情が子どもの心の中に統合されるためには、"受けとめてよしよし"することが必要です。しないでいると、不快な感情を自分でおさめる力が育たないために、キレることが多くなったり、かんしゃくが長く続いたりします。

　子どもの不快な感情を受けとめて、「わかるよ、よしよし、ぎゅー」で、自分でおさめる力を育てるサポートをしてください。

不快な感情の表現が、だんだん暴力的に

　子どもが不快な感情をあらわにしたとき、ついつい気をそらしたり、泣きやませようとして、ご機嫌をとったりしてしまいませんか？ご近所迷惑などもあります。つい、そうしてしまいます。

　しかし、それでは、子どもの不快な感情表現が、だんだんと暴力的になっていくことにつながってしまいます。

　なぜそんなことになるかというと、子どもが、「不快な感情を表わせば、相手や周囲がなんとかしてくれる」と学んでしまうからです。

　それは、子どもにとって「何も学ばなくても、不快な感情は誰かがとり去ってくれて、ご機嫌をとってくれる」という世界です。

　その世界の子どもは、どんどん要求が大きくなっていきます。欲求が満たされないときには反応が大きくなり、だんだんと暴力的になってしまうのです。

　もう、ご機嫌をとるのはやめましょう。ただただ、わかってよしよしをしてあげましょう。

4　安　全

　人は、心身を脅かされない環境がとても大切です。危ないと思うだけで人の脳は、"逃げるか、戦うか"の選択しかできなくなります。すると、正常に脳が働かなくなり、さまざまなことを学べなくなってしまいます。

　子どもは、責められれば責められるほど、怒られれば怒られるほど、素直さを失っていき、学びが薄くなります。

　子どもにとって、親は世界そのものです。親には愛されたいと願うのが子どもです。そして、子どもは弱いです。あらがえないものがたくさんあります。安全ではないのにあらがえない状態が続くと、子どもの脳が委縮することも研究でわかっています。

　子どもの安全を確保するためには、責めないこと、そして、ゆるすことです。まだまだできないことが多い子どもです。できないことをゆるしましょう。

　子どもを責めず、ゆるして、「わかるよ、よしよし、ぎゅー」で、子どもが安全だと感じ、正常に脳を働かせられるようにサポートをしてください。

"責めずにゆるす" なんて、できない

　ついつい、期待と比較とが混じって、子どもを責めてしまったり、怒ってしまうことがあります。「責めずに、ゆるしましょう」と言われても、「どうしてもそうなっちゃいます！」と思われる方がほとんどだと思います。

　そんなときは、「できるはず」と期待して子どもを責めてしまった自分を、「今は、これでよし」とゆるしてあげてください。

　子どもに、「なんでできないの！」と怒っちゃった自分を、「怒っちゃった、よしよし」とゆるしてあげてください。

　あなた自身が、「できる自分もできない自分も"オッケー"」「どんな自分も"よしよし、オッケー"」と思えると、子どもにも同じように思えるようになります。

　また、怒れる自分をなんとかしたいときには、感じた気持ちを怒りに成長させないように、感じた気持ちをさっさと、「私は、○○だ」と誰かに伝えてください。気持ちをためないようにしてください。すると、かなり怒れることがなくなります。

　また、絶対自分のことを否定しない親友や自分を崇拝する後輩を自分の中につくって対話します。

　彼らに、「こんなに疲れているんだよ、こんなにがんばったのに、なんでこうなのよ！」とぶつけてみます。彼らは必ず否定しません。そして、「わかります！そうですよね、そう思うの、当然です！」と思い切り認めてくれます。そうすると、だいぶ心が楽になります。

　「がんばったね」と、自分をねぎらいまくるのも効果的です。

5　触れ合う

"触れる"は、甘えを育てるうえでとても重要な要素になります。

アメリカの心理学者、ハリー・ハーロウの行った、赤ちゃん猿の実験があります。針金でできた哺乳瓶が付いている代理母の人形と、布でできた哺乳瓶のない代理母の人形での実験です。

この実験で、赤ちゃん猿は、「布の代理母にしがみつく時間が長く」、「驚いたときに布の代理母にしがみつき」、「はじめての場所では布の代理母を探すまで落ち着かず」、「布の代理母を安全基地にして探索するようになった」という結果が出ました。

その結果から、赤ちゃん猿には、柔らかいものに触れること、"スキンシップが必要"ということがわかりました。それは、人間の子どもにとっても同じことが言えると言われています。

脳科学でも、心地のよいものに肌が触れると、愛情ホルモンや癒しのホルモンが分泌されると言われています。触れると、愛情が増し、安心が増すのです。

甘えを育てるには、"安心"が必要です。ですから、"触れる"は、甘えを育てるための重要な要素になるのです。

肌が触れ合うことは、甘えを育てるだけじゃない

　臨床発達心理士の山口創先生は、「子どもは、肌でいろいろなことを学んでいきます」とおっしゃっています。

　肌と肌が触れ合うことで、人との距離感も、人の感情も、物事の認知も学んでいきます。スキンシップは、さまざまなことに重要な役割を担っているのです。

　ハグ、なでなで、よしよし、背中トントンなど、どんな形でも、子どもが「心地よい」と感じる方法で触れてあげましょう。子どもが安心して触れられるには、敏感ではない部分から触れるのがオススメです。

　感覚過敏がある場合、敏感な部分に触れると子どもにとって心地よくならずに、泣きわめくという状況になってしまいます。

　人が四つん這いになって、雨があたる部分はあまり敏感ではないと言われています。たとえば、背中をトントンすることから始めるとよいでしょう。

　トントンが苦手な子には、押し付ける感じのほうが敏感に感じにくいようです。やさしく触れてみて、あまり心地よくなさそうならば、ぐっと押し付ける感じで触れるとよいかもしれません。

　どんどん、触れてあげましょう。

事例1：親子の安心が次のステップに

● Mちゃん（3歳、自閉症スペクトラム）

　Mちゃんは、ことばがなく、常に走り回っている子でした。究極に困ったときにはお母さんに抱きつき、それ以外はかまわないという感じです。

　私が、「抱きついてくることは、甘えていることなんです」とお母さんにお伝えすると驚かれていました。Mちゃんがひどく抱きついてきてお母さんの髪の毛などで遊ぶので、「おもちゃにされている」と思っていたそうです。

　私はお母さんに、Mちゃんが抱きつきにきたときや、抱っこしてほしいときには、「ぎゅーして」「抱っこして」のサインをしてもらってから、抱っこするようにしてもらいました。そうするうちに、目が合うようになり、お願いもスムーズになってきました。

　Mちゃんも落ち着き、抱っこタイムがほっとする時間になってきました。そのころには走り回ることもなくなり、一緒にひとつの場所で、ある程度遊べるようになっていました。

　親ごさんもほめることも上手になってきて、親子ともに安心して、喜んでいる感じが見えました。

　すると、Mちゃんからことばが出てきて、真似も上手になってきました。いろいろなことが教えやすくなり、学ぶようになりました。落ち着いて親ごさんの言うことを理解して動いてくれるようになり、親ごさんも安心し、次のステップを考え始めるようになりました。

3章

アマトレで問題行動を改善 ①

食事 編

アマトレで"問題行動を改善"する
基本姿勢

　2部では、甘えを育てながら、日常で困っている子どもの問題行動を、"好ましい行動"に導き、身につけていくための方法をお伝えします。まずは、基本の姿勢です。

1　気持ちを **理解** して伝える

〇〇だよね わかるよ

2　「よしよし」で なぐさめる

よしよし

　甘えが育つ、「理解する」、「よしよし」、「好ましい方法を伝える・自分の気持ちを伝える」、「喜ぶ」の基本姿勢を使って、Aおやつ、Bごはん、C園・学校、D生活、E危険行為の5つの日常的な行動に分け、お伝えしていきます。

A おやつ

1 おやつが ほしくて 泣く

　子どもの泣き声は、助けをすぐに得られるように、"不快"に感じるようにできています。

　「わーーーー！」、「きーーーーー！！！」と激しく泣かれても、しくしくと長く泣かれても、泣かれるとつらいです。

　このときの親ごさんの気持ちは、「泣くと激しくて長いし、おさめられないし、周囲の目も気になるから泣かせないようにしたい」、「子どもが特に嫌がることは、やめさせてあげたい」だと思います。

　でも、「泣けば願いが叶う」と子どもが学習してしまうと、その方法をずっと使い続けることになってしまいます。

● おやつがもっとほしい！

1、まず、子どもの気持ちを **理解** して、ことばで伝えます。

2、そして、「よしよし」です。子どもに合わせたやり方で、背中をトントンしたり、さすったりします。

● ワンポイント！

長く泣き続けるときも、よしよしを続けましょう。「わかるよ、そうかそうか、よしよし」と声をかけ、気持ちを受けとめます。心の中でも大丈夫です。それだけでも十分です。

3、少し落ち着いたり、完全に落ち着いたら、好ましい方法 を伝えます。

4、落ち着いて、好ましい方法を選べたら、喜び ます。

● ワンポイント！

次があるような場合は、「次があること」を伝えると、子どもはあきらめやすくなります。

自分で立ち直る力を育てる

　このような対応を続けていると、「泣くことでなんとかしよう」という子どもの行動がだんだんとおさまってきます。
　次の同じような場面では、かなり泣く時間は短くなっていることでしょう。
　日を追うごとに泣かなくなり、なんとか自分で気分を変え、人に頼んだり、あきらめたりできるようになってきます。それは、自分で立ち直る力が育った証拠です。

　この間、「早く泣きやませよう」とは思ってはいけません。
　また、子どもの機嫌をとったり、気をそらしてしまうと、子どもが自分の力で立ち直る力を育てられません。時間がかかっても、「そうか、そうか」と付き合ってあげてください。

　自分で立ち直る力を育てるには、「自分の気持ちは自分のもの」で、「自分の気持ちは自分でなんとかできるものだ」という意識を付けていくことが必要です。
　子どもは、ちゃんと自分で立ち直ることができるようになります。信じて待ちましょう。

2 おやつが 待てなくて 泣く

　お菓子が目の前に並ぶと、子どもがすぐに食べようとしてしまうこと、よくあります。お菓子が、「ここにあるよ！早く食べて！」と強烈に呼んでいるのです。

　これは、実は誰にでもあり、認知心理学で「アフォーダンス」と言います。

　強烈に呼ばれても、私たちはがまんができます。それは、"そろってから食べることが好ましい"と知っているから、"「いただきます」のあとに食べるのが好ましい"と知っているから、そのほうが、"優先順位が高い"と知っているからです。

　そして、"優先順位"を守ったほうが、スムーズに物事が進む（無事に手に入る）ことを知っているからです。

● 早くおやつを食べたい！

1、子どもの気持ちを 理解 して、ことばで伝えて、「よしよし」します。

2、次に、ケーキを取ろうとした手を引っ込ませつつ、好ましい方法 を伝ます。

● ワンポイント！

待つときは、子どものはやる気持ちをなぐさめて、おさえるのをサポートすることが大切です。子どもの"忍耐力""待つ力"の学びにつながります。

3、そろったら、「そろったね」と状況を伝え、「"いただきます"まで待つよ」と、**好ましい方法**を再度確認します。

4、「いただきます」の号令のときに手を放し、「いただきます」をさせて、できたことを**喜び**ます。

● ワンポイント！

人は、うれしいことがあるとその行動をくり返す傾向があるため、"成功させて喜ぶ方法"をとると学びやすいです。

外出中のお店などで泣かれると……

　外出中のお店などで、ほしいものを買ってもらえない、欲求が通らないときも、子どもは泣きますよね。
　ここで、「泣きやませなきゃ！」と思ってしまうと、だいたい買うことになります。よく親ごさんたちから、「周囲の目が気になって、ついつい泣きやませるために買い与えてしまいます」と聞きます。

　しかしこれも、"泣けばほしいものが手に入る"という誤学習を子どもがすることになり、いつでもほしいときには泣き、買ってもらえるまでずっと泣き続けることになりかねません。

　ここでも、「ほしいね、よしよし」「でも、今日は買えないね、がまんしよう」「わかるよ、そうかそうか、よしよし」です。いつかは、泣きやみます。そして、子どもがあきらめられたら、「がまんできたね、よしよし」とだけ、喜びましょう。

　次からは、かなり泣く時間が短くなり、切り替えも早くなっていることでしょう。
　そして、いつかは自分でがまんができるようになり、外出中のお店などで泣くこともなくなります。あたたかく、見守ってください！！

B ごはん

1　ごはんのときに席を離れる

　ごはんのときに、食事が終わっていないのに、立って席を離れてしまうことがあると思います。

　そのような子は、食に興味はあるけど、"興味が移りやすい場合"と、食に興味があまりなく、"そもそも食べたくない場合"や"少し満たされたら満足の場合"とがあります。

● あっちが気になる（興味が移りやすい）

> **1、子どもの気持ちを 理解 して伝え、子どもの目が向いている先のものに対しての 好ましい方法 を伝えます。**

気になるね
「ごちそうさま」
してからね

↑やきそば

2、 子どものはやる気持ちを「**わかるよ、よしよし**」しつつ、今の **好ましい方法** に向かわせます。

3、 戻れたら、再び、「**よしよし**」とほめて、食べるのを促します。

● ワンポイント！

興味が移りやすいときには、"今、ここ"を思い出せるようにします。習慣化するのがコツです。できたらほめてを、くり返しましょう。

4、また気がそれて席を離れようとしたら、「ごちそうさま?」と聞きます。ごはんに戻れたら **喜び** ます。

5、食べられたら **喜び**、「ごちそうさま」をさせて席を立たせます。

● ワンポイント！

食に興味がある場合には、「席から離れると、ごちそうさまだよ」と最初に約束します。席を離れようとしたら、「ごちそうさま?」と聞き、ちがった場合には、"席に戻れたら喜ぶ"をくり返します。きちんと「ごちそうさま」を席でさせてから離れさせることで、「ごちそうさま」が身についていきます。

子どもが脳と上手に付き合えるように

　食事のときにあちこちに目が奪われてしまうのは、食事に興味がなくなった瞬間や、少し疲れてきたときが多いようです。

　また、凸凹さんたちの脳は、ひとつのことに集中しすぎるところがあります。同時に、飽きると瞬時に集中する対象が変わるという特性があります。

　結果、あちこちに目が移り、"どこかに行く"状態になっています。

　そんな凸凹さんの脳と、食事中に上手に付き合うためには、「食事中は食事に集中できるように刺激を少なくする」工夫があるとよいでしょう。

　たとえば、おもちゃは食卓に持ってこない（片付ける）、食事に関係のないものは食卓に置かない、テレビや音楽などはつけない、などです。

　子どもが席を立つとつい、「ダメでしょ！」「いつも言っているでしょ！」と叱ってしまいませんか？

　脳は、結果がよかったものについて定着します。定着させるためには、座っているときにほめたり喜ぶことが、有効です。

- もういらない（そもそも食べたくない）

1、子どもの気持ちを 理解 して伝えます。食べられるもので、最低限を決めます（最初は少量にするのがポイントです）。

2、"食べたら席を離れてもいい" などのルール（好ましい方法）を伝えます。

3、食べたら 喜び、「ごちそうさま」をさせてから、席を離れさせます。

● ワンポイント！

これで、"食べるときは座る"ルールは、少しずつ入っていくと思います。そもそも食べたくない場合には、偏食等もあるかと思いますが、食べられるもので練習します。"偏食"も"食事で座っていること"も、欲張るとうまくいきません。また、食に興味がない場合、ごはんと定時のおやつ以外は与えないことが基本です。

● もういい、遊ぶ！（少し満たされて満足）

1、食事の途中で席を離れ、遊び始めてしまった場合、まず、子どもの気持ちを **理解** し、なぐさめつつ、同時に"食べるかどうか？"の確認をします。

2、「食べる」と言うなら、**好ましい方法** 伝えます。そして食べられたら **喜び**、「ごちそうさま」をさせて遊ばせます。

「食べない」って言われそう……

　気がそれてしまって、ごはんを残して遊び始めるときは、子どもが「食べない」と言うなら、「じゃあ、ごちそうさま」と、「ごちそうさま」をさせて片付けます。

　あとから「お腹空いた」と言っても、与えません。"ごはんのときに食べなかったらあとでお腹が空いた"という経験ができれば、"次からはごはんを食べよう"と学習します。

　少し空腹が満たされて、「食べない」と言う場合には、席を離れたら「ごちそうさま」をさせて、「席を離れたら、"もうごはんはいらない"って意味なんだよ」と教えます。そして、片付けます。

　もちろん、あとから「ほしい」と言われても与えません。泣くでしょうが、なぐさめて与えません。

　ここで与えてしまったら、苦労が水の泡になります。やはり子どもは、"泣けば、食べなくてもあとからもらえる"と学んでしまいます。ここは、心を鬼にしてください。

　「よしよし、お腹空いたね。ごはんのときに食べなかったからだね、残念だね」と因果関係も伝えつつ、なぐさめます。

　1日か2日で子どもはわかるようになります。なぐさめながら、お互いに耐えましょう。

2 | 食べたくないから食べない

ごはんを、「食べたくない」と泣くときは、満腹・好き嫌い・偏食のいずれかがあると思います。

好き嫌いの場合は、あまりに嫌いなもの、まずいと思うものを食べると"脳が委縮する"という研究もありますので、あまり無理強いはさせられません。

● これ嫌い！嫌だ！食べたくない！

1、子どもの気持ちを **理解** して、なぐさめつつ、同時に **自分の気持ち** を伝えます。

2、ここで食べられたら喜びます。あまりに嫌そうならば、「残してよいか」をお願いしてもらいます。

3、お願いできたらよしとして、お願いできたことを **喜び**ます。

● ワンポイント！

お願いして、"嫌なものから逃れられる"という経験も大切です。嫌なものを無理にでも、の経験ばかり積むと、子どもの自信が失われていきます。甘えも育ちにくいです。あまりに嫌そうな場合には"頼んで逃げる"方法も教えてあげましょう。

● 今は、遊びたいから、食べたくない！

1、子どもの気持ちを **理解** して伝え、「**よしよし**」して、**好ましい方法** を伝え、**自分の気持ち** も伝えます。

2、数回くり返しながら、割り切って、根気よく付き合い、子どもが切り替えるのを信じて、食卓で待ちます。切り替えて席に座れたら、**喜び** ます。

時間には"限りがある"ことを教える

　子どもは、"今していることをやり続けることが安全"と感じて、切り替えられずにいることがあります。中には、"ここまでしなくては"というこだわりから、切り替えられない場合もあります。

　信じて待っていても、切り替えるのが"すぐには難しい"と感じたら、切り替えることは少し意識させるだけにして、食事の時間に"終わりの時間"を設定して制限します。
　終わりの時間があるから、「食べられない＝損」と感じれば、次からもう少し早く切り替えられるようになります。

　「もっと食べたい」、「もっとゆっくり食べたい」と泣いた場合には、「そうだね、もっと食べたいよね。でも、時間だもんね。早く遊びを終われるとゆっくり食べられるよね」となぐさめながら、好ましい方法を教えます。
　なぐさめて教えることで、子どもは自分の行いを受容し、次に活かしていくことができます。

　ごはんの時間は、切り替えたら、ごはんというご褒美がすぐに得られるので、子どもが理解しやすい場面です。数回のことと割り切って根気よく付き合うと、効果は大きいです。

3　食べたいものしか食べない

　"バランスよく食べてほしい" は、親の願いです。しかし、子どもは本能で生きているため、好き嫌いが激しいです。

　人間には、苦いものには毒がある、すっぱいものは腐っている、カロリーが低いものは非効率的だから嫌い、という本能があります。

　子どもは、信頼できる人・安心できる人がおいしそうに食べているのを見ると、「きっと安全なんだ」、「きっとおいしいんだ」と受けとります。

● まずい、嫌い、食べたくない！

1、子どもの気持ちを 理解 して伝え、「よしよし」します。そして、まずは大人がとてもおいしそうに食べます。そのうえで、一口だけ食べてもらいます。

2、食べられたら、喜びます。そのあとは、"好きなものだけでよし"とします。

● ワンポイント！

このくり返しで、少しずついろいろなものが食べられるようになっていきます。苦手だったものも、「おいしい」と思えるようになっていくかもしれません。少しずつでも慣れたほうが食べられるようにはなっていきますが、どうしても嫌いなものは、「仕方がない」とある程度はあきらめることも必要です。全く食べさせるのをあきらめる場合は、放置ではなくて、大人がおいしそうに食べる姿は見せ続けて、「食べる？」と、誘うことは常にします。ただ、「いらない」と言ったら食べさせない姿勢です。

4 偏食で食べない

● 砂を食べてるみたいで、嫌

1、子どもの気持ちを **理解** して伝え、「**よしよし**」します。そして、大人がとてもおいしそうに食べ、そのうえで、"一口だけ舐めたらよし"にします。

2、舐められたら、感覚を整えてあげるために、味を言語化しながら **喜び** ます。そのあとは、好きなものを食べてよしとします。

ことばで"感覚"を整える

　感覚統合療法では、子どもが感じた感覚を言語化して体験させることで、その感覚が安全な感覚として"子どもの中でまとまっていく"と言われています。

　親ごさんはぜひ、子どもが感じている感覚（五感：味覚、嗅覚、触覚、聴覚、視覚）をことばにしてあげてください。

　味覚の中にも、「苦いね、すっぱいね、甘いね」など、さまざまあります。気持ちを込めて表情豊かに教えましょう。

　食べ物の感触も、「ざらざら」「ぱさぱさ」「ねばねば」「どろどろ」など、さまざまあります。臭いもありますね。

　心理学では、「身体で感じたことが記憶に残っていく」と言われています。子どもが感じているだろう感覚をたくさんことばにしてあげましょう。

　長丁場になると思いますが、この少しずつの経験が、いろいろ食べられる子どもをつくっていきます。根気よく進めてください。

　また、偏食の中には単なる好き嫌いではなく、特定の食べ物の感触が砂のようだったり、味が妙だったりと、おいしいとはとても思えない状況もあります。本人はとてもつらいです。そのような状況のときは、あきらめることもオススメです。

事例2：見守り、なぐさめることで

● Ａ君（11歳、自閉症スペクトラム）

　Ａ君は、衝動性が高く、思い通りにならないと怒鳴る、ひっくり返って怒る、という子でした。
　親ごさんは、Ａ君がひっくり返って怒ると、アドバイスをしたり、気をそらしたり、機嫌をとったりしがちでした。
　なぐさめられながら、"自力"で気分を変えていかないと、今後も自分で感情コントロールはできません。

　そこで、私は親ごさんに、「はげますだけにすること」を伝えました。親ごさんが何度かくり返すうちに、Ａ君は自分から気持ちを言って、自分で気分を切り替えることができるようになりました。
　親ごさんが、見守ってなぐさめることにシフトすることで、Ａ君も成長し、穏やかに過ごせているようです。

4 章

アマトレで問題行動を改善 ②

園・学校 編

C 園・学校

1 ある場所の中に入れない

　ある場所の中に入れないのは、その中がとても怖いからです。その中が「怖くない」とわかってもらえれば、入れるようになります。そのためには、"なぐさめの力"が有効です。

● 入りたくない（親ごさん以外との場合）

1、子どもの気持ちを **理解** して伝え、「よしよし」して、**好ましい方法** を伝え、待ちます。

怖いね
よしよし
でも大丈夫だよ
入れるようになったら入ろうね

2、 少しだけ手を引いて、一歩だけ入らせます（押したり、無理強いはいけません。入れるまで寄り添うのが理想です）。

3、 少しでも入れたら、**喜び**ます。

> ● ワンポイント！
>
> 子どもの、"微細な気持ちの動き"に敏感になることが大切です。少しでも心が動いて、「入ってもいいかな」と思っていそうだったら、すぐに対応しましょう。「よしよし、入れそう？よしよし」と声をかけて、入れたら喜びます。

● 入りたくない（親ごさんと一緒の場合）

1、気持ちを **理解** して伝え、「**よしよし**」して、中が安全で怖くないことを示すために、さっさと入ってしまいます。

2、子どもが中に入ってくるのを待ちます。子どもが入れるまで、じっと待ちます。じっと見守る感じです。

3、入れたら、**喜び** ます。

やってみたら「できた感」を育てる

　この方法でにっちもさっちもいかないときには、抱っこして一緒に中へ入り、「よしよし」して、なぐさめ続ける方法もオススメです。

　"信頼できる人と一緒に"が、ポイントです。一緒にすると、怖さが和らぎます。子どもの、"入っちゃった（できた感）"が育てば、だんだん入れるようになります。

　たとえば、ボルダリングの壁を興味ありげに見てはいますが、近寄りもせず触りもしない子に、「してみよっか」と言って抱っこしてホールドにつかまらせます。そして、「できちゃったね！」と喜びます。子どもが、少し手を動かしたり力を入れただけで、「すごい！できたね」とまた喜びます。すると、次回には自分で登ろうとします。

　また、「みんなと同じにやってみようか？」が嫌いな子がいます。真似が嫌いなのではなく、できない感をたっぷり感じていたり、怖いと思い込んでいて、できないことがあります。

　そこで、少しだけさせて、「できたねっ」と喜びます。すると、子どもも喜び、できた感を感じ、楽しくなってやり始めます。

　支援はあの手この手です。いろいろ試してみることをオススメします。

2 　支度が遅い

　支度が遅い子、ゆっくり支度する子どもには、"時間に無頓着な子"と"動きが遅い子"と"待たせている状況を認知・理解していない"の場合があります。

　時間に無頓着な子どもは、"時間の意識がない"、"急ぐことを理解していない"が考えられます。

　動きが遅い子どもは、"身体の動かし方がわかっていない"ことが考えられます。

　待たせている状況を認知・理解していない子どもは、視野が狭く、周囲を見られていないことが考えられます。

● 急ぐってどのくらい、何？（時間に無頓着）

1、子どもの気持ちを 理解 します。

2a、【時間に無頓着な場合】には、具体的な時間を意識させます。「いついつまでに支度を完了してほしい」ことを伝え、急ぐことを促します。

2b、【急ぐことを理解していない場合】には、「急ぐってこんな感じ」を具体的に教えます。短く設定したカウントダウンをしながら、はげまします。

3、子どもの急ぐ感じがわかったら、**喜び**ます。

● 一生懸命やっているのに……（動きが遅い）

1、子どもの気持ちを 理解 して、気持ちを受けとめます。

がんばってるね

2、「こうするといいよ」と声をかけて、子どもの手に手を添えて、今の速さより少しだけ速い動作を伝えながら、支度をします（支度の度にだんだんと速くしていきます）。

こうするといいよ

よしよし

3、手を添えていたとしても、できたら 喜び ます（途中でくじけそうになったら、「よしよし」してなぐさめてあげましょう）。

● 何をする時間？（状況を認知・理解していない）

1、子どもの気持ちを 理解 します。

周りが見えてないのかな……？

2、周囲を見ることを、声かけをして促しましょう。

周りのみんなを見てごらん
待ってくれてるね
急ごうか

● ワンポイント！

状況を、認知・理解していない場合には、周囲を見る力（視野の広さ）が関係していることがあります。一点を見つめる癖がついていることが多いので、視野を広げるために目を動かす「ビジョントレーニング」が有効です。

3 宿題をしない

　宿題は、多くの子が嫌がります。そもそも宿題は残業と同じようなものだから、ないほうがよいはずなのですが……なかなかなくなりませんね（私は、宿題はなくてもいいと考えています）。

● 宿題をやりたくない（できない）

　1、子どもの気持ちを 理解 して伝え、「よしよし」します。宿題をしない原因がわかれば、言語化します。たとえば、「わからないから」、「何度も書く意味がわからないから腹が立つ」、「書くのが嫌いで疲れる」、「記入欄が小さすぎる」、「自分の字が下手すぎて腹が立つ」、などです。

2、そして、できる方法（案）を提案します。

A わからない　→　わからない問題はがんばっても解けない

わからない問題は3秒だけ考えてあとは答えを見て一緒に考えるのはどう？

それならやる

B 字を書くのが苦手　→　全部書かなくてもいい

最初だけ書いて正しかったらあとは書かなくていいっていうのはどう？

そうしたい

C 記入欄が小さすぎて嫌　→　できる方法を考える

もっと大きい別の紙に書くのはどう？

やってみたい

● ワンポイント！

どうしたら子どもの苦痛が少なくなるのかを、一緒に考えます。そして大事なのは、本人の意思を大切にすることです。気長に付き合って、一緒に見つけていきましょう。

● 宿題をやりたくない（他のことをしたい）

1、子どもの気持ちを **理解** して伝え、「**よしよし**」して、**自分の気持ち**（メリット・デメリット）を伝えます。

2、そして、**できる方法**（時間のルール）を提案します。

3、決めた時間のルールを守れるように、なぐさめながら促し、宿題のメリット・デメリットを再認識させ、刺激します。

宿題は、誰のためのもの？

　宿題をしなくてペナルティーを得るのは、"子ども"です。親ごさんではありません。実はこれ、大事なのです。

　子どもが、ペナルティーが嫌なら宿題をしたらいいし、ペナルティーをものともしないなら、しなければいいのです。

　ですから親ごさんは、「宿題はしたかな？」と、確認だけしてあげたらいいのです。

　親がどんなに躍起になって、子どもに嫌々宿題をさせても力にはならず、習慣化もされず、親子の関係も悪くなってしまうかもしれず……と、せっかくがんばって宿題をしても、残念な結果になりかねません。

　また、大切なことは、子どもがどんなやり方で宿題をしていても放任することです。まずは、"宿題をする"ことが重要です。していることを喜んでいてください（口には出しません）。「よくやってるね」とだけ、声をかけてあげてください。

　人間は、らせん状に成長していきます。必ず成長するので、自分のために効果的な方法で自ら学び始めます。その時期を早めるためにも、自分がしたいようにして、失敗して、方法を見つけていくことが大切なのです。

　子どもが困って、「どうしたらいいんだろう？」と聞いてくれたら、好ましい方法（効果的な方法）を提案してあげてください。あたたかい目で、見守っていてください。

4　「行きたくない」と言う

　子どもが、学校や園に「行きたくない」と言うとき、絶対にしてはならないのが原因探しです。原因は複合的で、本人にもわかっていないことが多いです。「なんとなく嫌」が多いのです。
　「なんとなく嫌」に対処するには、「なんとなく嫌だけど、"なんとかなるかな"」という大丈夫感です。人は誰しも、大丈夫と思えない、安全が確保されていない状況だと敏感になります。

● 今日は、なんとなく行きたくない……

1、 子どもが学校に「行く」と言ったと思ったら、直前になって「行かない」と言うとき、子どもの気持ちを **理解** して、気持ちだけを受けとめて「**よしよし**」します。

2、そして、どうするか子どもに決めさせます。子どもの葛藤する気持ちを **理解** し、その気持ちに共感しながら、子どもが無言でも、待ちます。

A 子どもが「行かない」と決めたら、さらっと認めます。

● ワンポイント！

甘え上手に育てると、不思議と「大丈夫感」が育って、「自分でなんとかする」ができるようになります。ただただ、気持ちをわかって、なぐさめてください。気持ちをわかってもらうと、人は力が湧いてきます。そして、子ども自身が「大丈夫かな、行けるかな」と思えれば、行こうとします。

B「行く」と言ったら、普段通りに送り出しましょう。余計な心配やアドバイスは不要です。子どもが自分で考えると信じましょう。そして、「帰りたくなったら、帰ってきてもいいこと」を教えます。

● ワンポイント！

子どもが帰りたくなったとき、学校に迎えに行けるかは、親ごさんの都合があることも子どもに伝えましょう。また、すぐに迎えに行けなくて子どもが反発したら、よしよしです。「すぐにこられなくてごめんね」と気持ちを汲みましょう。そして、「よくがんばったね」とがんばりを認めましょう。子どもの気持ちを尊重しながら、楽しく一緒に帰ります。

子どもの心を回復させるために

　学校に行きたくないのは、子どもが自分を守るためだったりもします。とてもつらいので行きたくないのです。心が無理をして疲れている状態です。

　このとき、子どもの気持ちを尊重することが第一です。それは、子どもの決定を大切にするということです。自分で決めて、自分の意見を尊重してもらうことで、自信がつき、心が回復していきます。

　親ごさんの中には、「学校に行けないから、子どもの将来は終わりだ」と感じる方もいると思います。しかし、行けないことで将来が暗くなるわけでも、閉ざされるわけでもありません。それぞれの人生があるだけです。

　子どもの人生を明るいものにするために大事なことは、子どもが十分に心を満たして、将来に向かえるようにすることです。

　そのためには、甘えを育てて心を強くし、親子で気持ちを向かい合わせて、認め合っていくことが大切です。親ごさんが悲観して子どもや状況に振り回されてしまうと、気持ちで向き合えず、関係がゆがみ、甘えは育ちません。

　そして、何より大切なことは、親ごさんが子どもが回復することを信じることです。「行かせよう」と思う気持ちをおさえて、「よしよし」と子どもに付き合ってください。

● 学校に行かない

○ 子どもが学校に「もう行かない」と言ったときには、行かないことを認めます。そして、子どもの気持ちを **理解** して、気持ちだけを受けとめて「**よしよし**」します。

● ワンポイント！

学校に行けないとき、家で自由に過ごしますが、最低限の家庭でのルールは守ってもらいます。子どもと一緒に過ごし方のルールを考えましょう。「ゲームはお母さんが帰ってからね」「ご飯は7時、お風呂は8時、9時には寝るでいいかな？」などです。あとは見守ります。約束を守れるように、「○○した？」と声かけをして促します。動いてくれたら、喜んでください。親ごさんは親ごさんで楽しく過ごします。それぞれが楽しく過ごしながら、気持ちを言い合える関係をつくることが大切です。

家族で安心して楽しく過ごせるように

　全く学校に行かなくなったとき、親ごさんはいつ回復するのかと不安になることでしょう。どうにかして行かせようと思ってしまうかもしれません。親ごさんたちの仕事もあるでしょう。

　どうしても、「行かせたい」と思ってしまうと思いますが、それも子どもにちゃんと伝わってしまうので、親ごさんの考えを変えていく必要があります。

　子どもが「行かない」と決めたなら、それで家庭生活が成り立つように話し合いましょう。決して、親ごさんが、がまんする結果にしてはなりません。お互いにとってよい方法を導き出しましょう。

　留守番ができる子は、一人で待っていてもらったり、他の場所を利用するなど、双方が安心できる案を出して話し合いましょう。

　そして、お互いが楽しく過ごします。親ごさんが楽しくなくて、悲しく過ごしたりつらく悲しい思いをしていると、子どもは自分のせいだと思って勝手に傷ついてしまいます。すると自信がなくなり、回復が遅れます。

　また、「大人はつらいものだ」と子どもが感じ、「大人になりたくない」となってしまいます。

　どうか、楽しそうに過ごしてください。学校に行かなかったからって将来が終わるわけではありません。

事例3：自分を認めてもらうことの重要性

● 自信をなくした子どもたち

　不登校の悩みで、私の教室に通い始めてくれる子がいます。その子たちの多くが、まじめで敏感です。
　不登校の子どもたちに必要なのは、【ありのままの自分でOK】と思えることです。OKと思えれば、子どもは内から湧き出るパワーを放出し、勇気をもち、外に出かけることができます。本物のやる気です。
　それは、「～しなさい」「～すべき」「～しなければならない」の強制とは真逆の、「したいようにする」ところから育ちます。
　でも、無制限ではないことも重要です。脳科学では、【制限の中の自由】が、最も脳の前頭葉（理性の脳）を育てると明らかになっています。
　制限の中で、双方がゆるし合いながら遊んだり学んだりして、子どもがしていることや、成長した部分や感心したところを認めていくことで、子どもは「自分に価値がある」と思えてきます。そして、自信をつけていきます。
　失敗も受けとめさせ、自分で処理させます。自信は、自分でなんとかしたときにつくものです。
　その結果、「自分のいいところも、気に入らないところもOKなんだ」と思え、自己肯定感も上がり、学校に再び行けるようになっていきます。

5章

アマトレで問題行動を改善 ③

生活 編

D　生　活

1　お風呂に入りたがらない

　お風呂に入りたがらない子どもは、多いです。どうやら、面倒くさいからみたいです。お風呂場に行くのが、服を脱ぐのが、からだ・髪を洗うのが、からだをふくのが、髪を乾かすのが、パジャマに着替えるのが、面倒くさい。お風呂は、面倒くさいことが目白押しです。「遊んでいたほうがいい」と思ってしまいます。
　"お風呂の気持ちよさ"に気づいてもらえるように導きましょう。

● お風呂入りたくない（面倒くさい）

1、自分の気持ち（お風呂のよさ）を、つぶやき続けます
（1カ月で、人間は腑に落ちると言われています）。

かゆくなくなるよね
お湯ちゃぷちゃぷ楽しいよね
シャワーかけあいっこ楽しいよね
石鹸の泡楽しいよね
お友だちも清潔で大好きって言うね
よく眠れるね
いい香りになるよね
気持ちいいよね

2、そして、お風呂に入りたがらないとき、子どもに声をかけて、さっさとお風呂に入りに行きます。

3、すると、結構ついてきます。それでもついてこない場合には、実際に一人で入ってもらいます。こちらが負担にならない程度の入浴方法（たとえばシャワーだけ）で入浴させます。あまりやってあげずに見守り、**好ましい方法（一緒に入るメリット）**を伝え、認識させ、今後につなげます。

④ 入れたら、「よくやったね」と **喜び** ます。

● 一人でお風呂に入るのは嫌

一人では、お風呂に入りたがらない子どももいます。理由は、「つまらない」、「どうやったらいいのか自信がない」、「怖い」などが考えられます。

> **１ａ**、【つまらない】、子どもの気持ちを **理解** して伝え、「よしよし」して、**自分の気持ち** を伝えます。

> **１ｂ**、【自信がない・怖い】、子どもの気持ちを **理解** して伝え、「よしよし」して、**自分の気持ち** を伝え、一緒にやりながらも、見守ります。

2、見守りながら一人で入ったら **喜び**、一人で洗えたら、**喜び** ます。

- **ワンポイント！**

一つひとつを、できたら喜んでください。親に喜ばれると、くり返したくなるのが子どもです。くり返すうちに、子どもは成長し、自信がつくと勝手に一人で入るようになります。たっぷりなぐさめて、勇気づけてあげてください。

2　夜に寝たがらない

　子どもがなかなか寝ようとしないとき、寝るよりも、遊んでいたい、他のことをしていたいことが多いです。

● まだ遊びたい

> 1、子どもの気持ちを **理解** し、**好ましい方法（やるべきこと）** を伝え、促します。泣いたらひたすらになぐさめ、落ち着いたら片付けさせて寝床へ行きます。

遊びたいよね
でも
寝る時間だよ
片付けて寝よう

> 2、1をくり返し、まだ嫌がる場合には、穏やかに声かけをして、さっさと寝床に行ってしまいます。

お母さん
先に行ってる
からね

あ・・・

3、すると子どもは、だいたい寝ようとします。そこで、早く行きたいから「片付けしたくない」と言うかもしれません。その子どもの気持ちを **理解** して、「**よしよし**」し、**好ましい方法**（やるべきこと）を伝え、促し、穏やかに待ちます。少しだけお手伝いをしながら。

4、片付けられて、寝床に向かえたら、**喜び** ます。

● ワンポイント！

人は、興奮すると寝つきが悪くなります。怒りをぶつけたり、怒りをぶつけられたりすると、お互い寝つきが悪くなってしまいます。あくまで、"穏やかに"対応するとよいです。

● 一人で寝たくない

一人で寝たがらない理由は、「さみしい」、「まだかまってほしい」、「もっと遊びたい」、「怖い（真っ暗が怖い子どもがいます）」が考えられます。

1、子どもの気持ちを 理解 して、気持ちがゆるす範囲で時間の制限を設けて、「よしよし」します。思い切り気持ちをわかってあげて、「よしよし」しましょう。

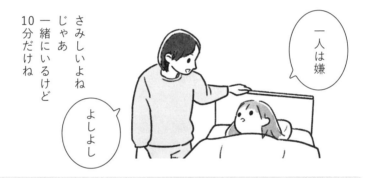

2、制限がきたら、やさしく声をかけて、最後にぎゅーっと抱きしめてキリをつけます。くり返すうちに、子どもが自分の中で気持ちをおさめられるようになってきます。

制限の中で自由にする

　人の理性を育てる前頭葉は、制限の中で自由を与えられると育つと言われています。

　たとえば、私の発達支援教室では、部屋の中でのムーブメント教育を行いますが、部屋の中なので制限があります。また、「からだ遊びの部屋」と「座って活動する部屋」とを分けています。部屋がちがうと、「持って行けないものがある」という制限があります。

　からだ遊びの部屋は、①硬いものは投げない、②窓ガラスにはあたらないようにする、③電球にあたらないようにする、④大きいものは投げない、です。

　みんな、「約束」と言って守ってくれます。その約束を守れば自由です。最初は守れずに退場になってしまったり、小言を言われますが、慣れてくると守って遊びます。

　彼らを観察していると、動きで守らなくてはいけない意識が、気を付けて遊ぶことが、できてきています。守らなくてはいけない約束の意識も育っていると感じます。身体感覚を育て、制御するという意識も育っています。

3　おっぱい を触りたがる

　子どもがおっぱいを触るのは、甘えたいサインです。甘え下手さんに多い行動です。できることなら、触りたい気持ちがなくなるまで、十分に触らせてあげたらいいと思います。

　しかし、「もう小学生なのに…」と考えていたり、親ごさんが触られることに拒否感や違和感がある場合は、その気持ちが子どもに伝わり、甘えを育てることにはならず、いつまでも触ることになります。子どもの心を満たす、他の行動をお願いしましょう。

● おっぱい！（甘えたい）

1、おっぱいを触るときは、親ごさんを非常に求めています。「どんな自分も受け入れて」と思っています。子どもの気持ちを **理解** して受けとめ、「**よしよし**」します。

2、少しずつ、**好ましい方法**（抱っこなど）、おっぱいを触る方法ではない、子どもの心を満たす方法を教えてあげましょう。

3、子どもが触ろうとしたときには、**自分の気持ち**を伝えます。

● ワンポイント！

親ごさんの嫌な気持ちだけが伝わり続けると、子どもは「自分が嫌な存在なのでは」と感じて、安心できなくなってしまいます。安心は、甘えを育てる要です。甘えたいときには、「抱きしめて」などをお願いできるように教えていきましょう。

E　危険行為

1　暴言・暴力 が出る

　暴言や暴力が出ているときは、こちらが反応すればするほど、ヒートアップしてしまいます。こじれてしまっているために、通常の方法では効果があまりありません。

● □★!?※★!!＃!!!!!!!!!!!!（暴言・暴力）

1、穏やかに反応します。子どもの気持ちを 理解 して、「よしよし」します。

2、 子どもがこちらの反応にヒートアップして、あなたが聞きたくない、一緒にいたくないと思ったら、穏やかに自分の気持ちを伝えて、子どもから離れます。

3、 そして、離れた場所で「つらいんだね、よしよし」と心の中で言ってあげてください。

● ワンポイント！

この対応は、つき放したのではありません。心の中で「よしよし」しながら、自分の身を守っただけです。続けていると、子どもは、心の中で不快な感情をだんだんと自分でとり込めるようになっていきます。

● □★⁉︎※★‼︎＃!!!!!!!!!!!!!（ものにあたる）

○ ものにあたる場合には、あたっても無害なものを使うように促します。そのとき、「アイメッセージ」（「私は」を主語にした言い方のこと）で伝えます。

お母さんは静かにしてほしいからクッションを叩いてくれる？

● ワンポイント！

「アイメッセージ」の、「私は」の言い方で自分の気持ちを伝えると、人を傷つけにくいです。逆に、「あなたは」の言い方は、相手への批判になりやすく、相手を傷つけてしまうことがあります。「私は」は、攻撃になりにくいので、子どもも素直に聞きやすいのです。そして、すぐに聞いてくれると思わないで、「そのうちに聞いてくれるよね」という穏やかな感じが、素直に聞いてもらうためには必要です。つぶやき続けていると、１カ月もすれば聞いてくれるようになります。気長に教えていってください。

子どもに翻弄されないで

　私は、暴言や暴力は、「そんなことをしてしまうくらい心が痛いの」と子どもが言っているように感じます。

　暴言を言うと、「一瞬はスーッとする」と子どもたちは言います。暴言の内容は、浴びせた相手とは全く関係がないようです。全くの八つあたりです。そして、暴言を言った直後はスーッとしていますが、実はあとから、嫌な気持ちになっているようです。

　暴言や暴力をしたあとに嫌な気持ちになるなら、しなければいいのに……と思うでしょう。しかし、他にスーッとする手段が見つからないからしてしまうのです。不快な感情を自分の中でおさめることができないために、してしまうのです。

　あまりにつらかったら、「つらいから、あっちにいってるね」と言って離れてください。「親だから聞かなきゃダメ」とか「親だから離れちゃダメ」などを捨てて、あなた自身の気持ちを大事にしてください。「嫌だな」と思っているのに一緒にいると、"嫌だな"が伝わり、また長引きます。

　離れても、心の中で、「よしよし」して、自分の心の動きに従って声かけをしてあげてください。そして、荒れているときの基本姿勢は、「あなたのその気持ち、知っているよ」です。

　子どもに翻弄されないことが大切です。

2　危険なことをする

　子どもが危険なことをするとき、本人は危険なことがわかっていない可能性があります。これをすると、"痛い思い""怖い思い""ヒヤッとする"などの経験が必要です。

　もしかすると、ケガをしないように、痛い思いをしないようにと、親心で危険を避けすぎているかもしれません。

　その場合は、少しだけ手を緩めて、大ケガをしない程度に痛い思いや怖い思いをさせてみましょう。

● 高いところに登りたい

1、自分の気持ち、好ましい方法 を伝え、見守ります。

落ちると痛いから気を付けてね

降りられなくなったら降ろしてって頼んでね

2a、見守り、無事に降りてきたら、**喜び**ます。

2b、「降ろして」とお願いされたら、すぐに対応します。

2c、無理に降りて落ちた場合には、経験するチャンスなので、穏やかに駆け寄り、学ばせます。

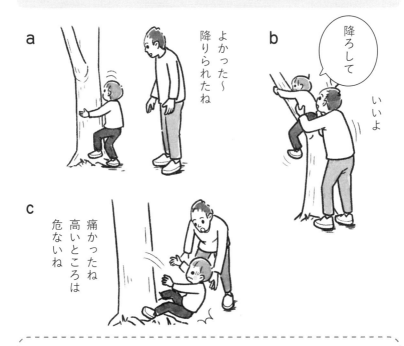

● ワンポイント！

ここでの学びは、「自分が危険と感じたら頼む」、「頼めば危険を避けられる」、「危険なことをすると悪い結果がある」です。これらが子どもの中にまとまっていくと、そのうちに危険な行動をとらないか、気を付けることができるようになります。

事例4：子どもを「かわいい」と思えること

● S君（4歳、自閉症スペクトラム）親子

S君は、ことばがほぼなく、「ん、ん」と親ごさんを引っ張って意思表示をしていました。偏食もひどく、特定の市販の菓子パンしか食べませんでした。かんしゃくが特にひどく、思い通りにならないとひっくり返って怒っていました。親ごさんに頼ることなく、できないと泣いていました。

まずは、S君に甘え方を教えました。取ってほしいときには、「取って」のサインとことばを、してほしいときには「やって」のサインとことばを教えました。S君は便利だと思ったのか、すぐに覚え、できるようになりました。

思い通りにならないことがあって泣くときには、私が親ごさんのもとに連れて行き、「ぎゅーして、よしよしして」とS君にサインをさせて、親ごさんに抱っこしたり、よしよししてもらいました。
落ち着いたら、「よしよしされると落ち着くね」「お母さん大好き」と、よかったことを言語化して伝えていきました。
しばらくすると、つらいとき、悲しいとき、思い通りにならないときなど、ネガティブな気持ちを感じたときに、S君は親ごさんを頼れるようになっていきました。

すると、不思議にかんしゃくもほぼ起こさなくなりました。おまけに偏食も少なくなってきました。

　親ごさんは、通い始めはＳ君に振り回されて疲れた感じがしていました。子どものことがわからず、どうしたらよいかわからないという面持ちで心配そうでした。子どもが自分に甘えてこないので、「自分は必要ないのかもしれない」とまで思っていたようです。
　かんしゃくを起こしたときには、どうしたらおさまるかばかり考え、偏食もどうしたらよいかわからなくて困っていました。でも、食べさせなくてはならないし、食べさせようとするとかんしゃくを起こすし……と、困っていました。

　しばらく教室に通い、Ｓ君が甘え方をわかってくると、親ごさんも子どもの気持ちがだんだんわかるようになってきたようで、なぐさめ方・よしよしがうまくなってきました。
　Ｓ君もどんどんそれに反応して、甘え上手になっていき、親ごさんも甘えさせるのが上手になっていきました。
　そのうちに、Ｓ君が「お母さん大好き」とことばで言ったり、甘えてくるようになり、お母さんも、「子どもがとてもかわいく思えるようになりました」とおっしゃるようになりました。
　不思議なもので、親ごさんが子どもを「かわいい」と思うようになるときには、子どもは親ごさんの言うことを素直に聞くようになってきています。相乗効果ですね。

2部

アマトレ応用編

6章

アマトレで
できることを
増やす

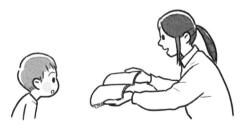

1　座っていられる時間を伸ばしたい

① 他のものが気になる場合

　他のものが気になっていて座っていられないとき、それはそのものが子どもを呼んでいます。アフォーダンスです。子どもは親切で、優先順位がわかっていないために、すべてのアフォーダンスを相手にしてしまい、「よそ見」や「よそごと」をしてしまうのです。
　そんなときには、【優先順位】と【あとで】を覚えさせることがオススメです。

> ○ 子どもの気持ちを **理解** して伝え、「よしよし」します。そして、**好ましい方法**「今、○○が一番」「人が一番」を伝え、他のものには、「あとでね」と言う、を教えます。

気になるよね
呼ばれたよね

よしよし

でも今は
ごはんが一番
テレビに
「あとでね」って
言ってあげて

あとでね

「あとで」が伝わりにくい子どもには

　ワーキングメモリ（そのときだけ覚えていられる記憶力）が少ない場合は、「あとでね」なんて言っていると、子どもが忘れてしまう不安が強いので、並行してワーキングメモリを育てる遊びをたくさんするとよいでしょう。たとえば、しりとり、お手伝い、お料理です。

　裏技もご紹介します。【遊ぼうって誘ってくる妖怪がいる】として、遊びに誘う妖怪に名前を付けます。
　気がそれたときに、「遊ぼう妖怪がいるよ！やっつけてやって。または、『あとでね』って言ってやって！」と言います。
　椅子に戻れたり、「あとでね」と言えたら喜びましょう。このくり返しで、呼ばれても戻れるようになってきます。
　また、妖怪から守ってくれるお守りを一緒に作ることもオススメです。妖怪がきたらお守りで撃退することもできますし、お守りがあることで妖怪も来ないかもしれません。

あそぼう妖怪がいるぞ！「あとで」って言って！

② からだが育っていない場合

　体幹が、鍛えられていない可能性があります。体幹は、からだの幹をなす、腹筋と背筋、周辺のインナーマッスルを指します。それらが鍛えられていないと、からだはグラグラしてしまい、長い間の静止ができません。

　また、子どもの神経の成長は体幹から末梢と言われ、体幹が鍛えられていないと、指先や足先の神経まで発達しないと言われています。それは、たとえばピアノのレッスンで指先を鍛えても、なかなか発達しないということです。

　「ムーブメント教育（アメリカの神経心理学者マリアンヌ・フロスティッグが取り組んだ、動きを通した支援）」によると、体幹は7つの運動をすることで鍛えられると言います。

「1・くぐる」「2・回る」「3・転がる」「4・バランス」
「5・跳ぶ」「6・登る」「7・這う」

　これらの運動を日々組み入れて、苦手そうなところをさりげなく楽しく遊んでしまうことで、徐々に体幹が鍛えられていきます。

　教室の子どもたちは、3、4つ自分で組み合わせられるようになると、自ら座って絵を描き始めたり、字を書き始めたりします。また、数カ月で長い時間座れるようになっています。

椅子の横に座る子には

● 気分転換

椅子の横に座ってしまったら、座りたくない気持ちを代弁して、よしよしとなぐさめます。椅子をくぐらせて、気分転換したあとに座らせるなどするといいと思います。

● バランスディスク・バランスボール

また、椅子自体にバランスディスク（バランスを整える薄いバランスボールのような円盤）を置いてゆらゆら遊んだり、いっそのこと椅子をやめてバランスボールにしてもよいと思います。

● 膝の上

ゆらゆらする、不安定な状態に耐えることでバランス能力・体幹は育ちます。親ごさんの膝に乗ってゆらゆらすることも、とてもよいと思います。

椅子で足をぶらぶらする子には

● かかとを上げる運動

椅子に座って足をぶらぶらする子がいますが、これはある程度仕方がないと容赦してあげましょう。座っている＝動いていないので、動くのをがまんするために足をぶらぶらさせていることもあります。まだ小さいうちはゆるしてあげましょう。

小学生くらいになると、ある程度はコントロールが可能になってきます。そのときには、ぶらぶらではなくて、つま先をつけてかかとを上げる運動に変えていくとよいです。

他にも

● ハイハイレース

ハイハイレース（ハイハイをして高速で競争）も遊びでオススメです。体幹とともに、手と足の協働も育てます。

● ジャンプ

階段からジャンプしたり、椅子からジャンプもオススメです。

● 布団でごろごろ

布団で横向きにごろごろや、前向き後ろ向きに回る。布団で丸めてごろごろすると感覚も育てられて一石二鳥です。

● ぐるぐる回る

棒を支えにぐるぐる回る(すいか割り)遊びもいいですね。

● 木登り

親ごさんを木に見立てて登る遊びは、手足のしがみつく力とバランス能力、登る力を育てます。

2　難しい問題に取り組みたい

① 難しい問題で冷静になる方法を教える

　難しい問題に出会ったとき、子どもの中では、【わからない → 苦しい → 怒り】になっていることがあります。
　「怒り」は、気持ちが溜まりすぎて発酵すると噴出する気持ちです。怒りのコントロールには、"気持ちを小出しにして、ため息を吐く"が最も効果的です。

> ○ 気持ちを **理解** して言語化して、「**よしよし**」します。
> そして、**好ましい方法**「ふー（ため息）」を教えます。

できると思ったのに、できなかったときに怒る

　あるとき教室で、子どもが磁石のパズルをしているときに、子どもはピタッとくっつくと思っていたのに、くっつかなかった、できなかったことがありました。

　そのとき、「わーーーー！！！！」と奇声を発し、磁石のパズルを投げ捨てました。

　私は、「できると思ったんだよね、でもできなくて、くやしかったね」「そうかそうか」と読みとった気持ちを伝え、なぐさめ続けました。そして、投げたパズルを拾わせ、「投げてごめんね」と言ってもらいました。

　その後、少ししてからまた同じように、「できると思ったのにできない」ことがありました。

　親ごさんと私は、どうするか見守っていました。すると、今度は「できない、くやしいー」と言って、目をうるうるさせながら耐えていました。

　「成長したなぁ〜」と、親ごさんと感動しました。

② 難しい問題を理解する方法を教える

　難しい問題は、どれだけ考えてもわかりません。考えさせすぎないことが肝要です。

　そこで、3秒考えてわからない問題は、答えを見て、なぜそうなるのかを理解し、「なるほど」と思う経験をたくさん積みます。

　「答えを見てはいけない」という考えの子の場合は、なぞなぞやクイズなど、まずは勉強以外のところで練習します。

> （1）答えがわからなくて苦しんでいる子どもに、子どもの気持ちを **理解** して伝え、**好ましい方法**「答えを見て（聞いて）考える」を提案します。

(2) 子どもに、「見たくない」と断られたら、子どもの気持ちを **理解** して、**好ましい方法**（答えを見る）に誘いながら、さっさとこちらは見てしまいます。そして、「なるほどー！」と、とても感動して楽しそうにします。

(3) しばらくしてから、「ほら、見て見て」、「わからないときは、見て納得するのがいいよね」と言って答えを見せます。

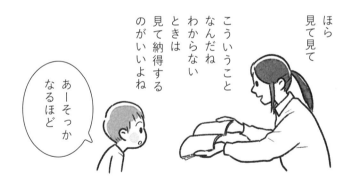

　同じように、課題や勉強でも答えを見るやりとりをしていくと、難しい問題でも、答えを見ながら自分の力にしていく習慣ができていきます。

③ 難しい問題も慣れればできるを教える

　子どもが、難しい問題を拒む場面がありますね。そんなときには、解いているときに（拒んでいるときにも）「難しい問題は、慣れていないだけだ」と、意識を変えてあげます。
　そして、遊びでも勉強でも、以前「難しい」と言っていたことが解けたこと、解決できたことを思い出させます。子どもは、だいたい覚えています。

> （1）子どもの気持ちを **理解** して伝え、「**よしよし**」し、「難しいのは、慣れていないだけ」と伝え、以前は解決できたことを思い出させます。

（2）子どもを勇気づけます。

（3）問題が解けたら、「慣れていなかっただけ」という思いのことばを引き出します。

　何度かくり返すと、1カ月くらいで、子どもの中で難しい問題は、「慣れていないだけ」と腑に落ちていきます。気長につぶやき続けましょう。

3　苦手を克服したい

① 「チョロい」と思えるように仕向ける

　子どもが、「苦手だ」と避ける態度をしていても、本当はできる場合が結構あります。ですから、1/100くらいのレベルからさせてみることがオススメです。

> ○ 苦手なことで、できるところを少しだけやってもらいます。手を貸したとしても、「できたじゃん！」と大喜びをして、「簡単にできちゃった人？」と聞きます。すると、だいたい、「はい！」と手を上げます。くり返していくことで、「苦手だ」と拒むものも、いつしかできるようになっています。

② 1ミリの変化を伝えていく

　子どもは、常に成長しています。ですから、必ず1ミリは成長しています。その1ミリの成長を喜び、子どもに伝えると、子どもはぐんぐんと成長していきます。

> ○ 上手に靴を脱げない場合に、手を添えてでも好ましい方法で脱げたら「できたね！」と喜びます。そして、少しでも好ましい方法で"しようとしただけで"喜びます。"しようとした"は、1ミリの成長ですね。

　子どもは、親ごさんにたくさん喜んでほしいものです。親ごさんに喜んでもらえると、子どもは喜んで、ぐんぐんとできることを増やしてしまうのです。ですから、どんどん喜んであげましょう。

6章　アマトレでできることを増やす　113

4　あいさつができるようになりたい

● あいさつの意味を考えてみましょう

あいさつは、なんのためにしていますか？
あいさつをされて、感じることはありますか？
あいさつをすると、感じることはありますか？
これらはすべて、あいさつをするときの教えになります。

　人間は、意味のないことはしません。脳は、必ずメリット（得すること）があることをしようとします。また、デメリット（損すること）は避けようとします。
　あいさつは、一般的な常識として、人間関係の基本だから、気持ちいいから、するのでしょうか？
　教科書的にはOKですね。でも、行動に結びつけるためには、「個人的にメリットがある」「個人的にデメリットがある」に注意が必要です。

　実際に、「あいさつは怖いからしないようにしています。だから、他人に会わないように努力しています」と言う人がいました。
　その人も、社会的にあいさつをしたほうがいいことは理性ではわかっています。でも、個人的なメリットにはつながっていません。"怖い"のデメリットを重視しているとも言えるでしょう。

さて、あなたにとって、あいさつしてよいこと（メリット）はなんですか？具体的に、より個人的に考えてみてください。

　あいさつをしないデメリットも考えておきます。デメリットは、脳が避けたいものなので考えておくとよいです。

● 私にとっての「あいさつ」のメリット・デメリット

● あいさつがあると
・お互いが気持ちがいい
　（気まずくない）
・しておいたら、敵にならない
　（人類的にお得）
・自分からしたら、運がよくなる
　（縁を紡ぐと運がよくなる）

● あいさつがないと
・無視されたみたいで、さみしい
・大事にされていないみたいで、悲しい
・付き合いたくないと思われているみたいで、悲しい

　あなたはどうですか？あなたの答えが、あなたが子どもに伝えていくあいさつの意味になります。あなたの本音で、具体的に考えて、子どもに伝えてください。

● 段階に分けたあいさつの促し方

　あいさつをしたがらない子から、「目が合うことが怖いから」という意見を多く聞きます。目が合うと、突然、一瞬、その人が入ってくる感じがするようです。
　もうひとつは、あいさつをすると、相手と向き合い、相手の反応を直接受けます。そのため、相手の反応に合わせることが苦手な子どもは、あいさつを嫌がります。また、わからないことは自分が不安定になってしまうので、なるべく避けようとします。

　あいさつは、段階を追って慣れていき、「実は便利なもの」とわかってくると、できるようになっていきます。

○ 第1段階・頭だけ下げる

（1）あいさつができなかったら、あとから子どもの気持ちを **理解** して伝え、**自分の気持ち**を伝え、「**よしよし**」します。

あいさつ嫌だよね
わかるよ
でも
しないとさみしいの
してほしいな
とまってできたら
かっこいいなー

よしよし

ん〜

（2）「こんにちは」と言われたときのために、**好ましい方法**（頭だけ下げる）を具体的に指示します。あいさつされたら、「止まって、2秒くらい自分の足を見る」ように促します。

（3）できたら（させたとしても）、気持ちを素直に伝え**喜び**ます。

○ 第2段階・顔を見てあいさつをする

● 止まって会釈できるようになったら、**自分の気持ち**を素直に伝え、**好ましい方法**（口のあたりを見てあいさつをする）を伝えます。

● 目が怖いと感じる子へのヒント

目が合うのが怖いと感じている場合、見る場所を相手の目以外で教えます。頬、口、あご、首などです。そこに目をやりながらあいさつをすると、目を見ているように相手は感じますので、目を見ずにあいさつをすることができます。

○ 第3段階・声を出してあいさつをする

● 次は、声に出してくれるとうれしいですね。**自分の気持ち** を素直に伝え、**好ましい方法**（声を出す）を伝えます。言ってくれたら、気持ちを素直に伝え **喜び** ます。

第3段階は、子どもによっては長くかかる子もいます。言いたくないのですね。しかし、根気強くくり返すと、必ずしてくれます。

また、あいさつのあとは遊んだり、楽しい経験をたくさんしていると、だんだんと相手の反応にも慣れてきて怖くなくなってきます。よしよししながら経験を積むと怖くなくなってきますので、「大丈夫」と伝え続けて、慣れさせていきましょう。

3部

アマトレでコミュニケーションを育てる

7章

良好な
コミュニケーション
の基本

● 自己肯定感アップがコミュニケーションのカギ

クラスメートとお付き合いするとき、とても大事なのが「自己肯定感」です。

下のイラストは、人が薄い膜に包まれています。とても薄くて弾力がありぷっくりしています。この膜は、侵害されると凹みます（イラスト右）。自分の膜が凹まずにぷっくりしていて、気楽で穏やかでご機嫌なイメージ。これが、自己肯定感が高い状態です。

自己肯定感が高い状態であると、クラスメートに批判されても「あなたはそう思うのね、でも私はこれでいいの」と思えます。

すると、無駄に凹まないので自信もなくならず、荒れることもなく穏やかに過ごせます。そうすると、周囲から侵害されることなく、大事にされる傾向にあります。

上手なコミュニケーションとは、上手に自分の本音を相手に伝えるコミュニケーションです。下のイラストは、良好なコミュニケーションのイメージ図です。

　人は、誰かと向き合うと、なんとなく大雑把に相手の感情を感じます。よいコミュニケーションは、お互いがぷっくりしています。

　凹むとき、苦しいです。凹みが激しくなると、反動で攻撃に出たりします。八つあたりや自傷行為がそうです。

　なんとなく、理解していただけますでしょうか。

● **良好なコミュニケーションの基本ポイント**

　子どもは、家庭でのコミュニケーションを社会で応用します。親子関係が、社会での人間関係の基礎になります。そのためにも、親子で良好なコミュニケーションをしたいですね。

　子どもの自己肯定感を高くするためには、"甘え上手"に育てることです。そして大切なことは、子どもの甘えを育てるときに、親ごさん自身が自己肯定感を高くして、よいコミュニケーションをすることです。

　自己肯定感を高くするための、「コミュニケーションの 10 の基本ポイント」があります。ひとつずつ説明していきます。

1　期待しない、期待に応えない

　相手に期待すると、相手をコントロールしようとしてしまいます。思い通りにならないと怒りが湧いてきます。要するに、無駄に心を乱すことになります。

　そもそも、相手は相手の人生を歩むものです。思い通りになどならないものです。相手も縛られて心が苦しいでしょう。

自分に対しても同じです。相手の期待に応えようとすると、相手の人生を歩むことになります。自分と相手とはちがうので、おのずと出す結果はちがってきます。

　しかし、相手の期待に応えられなかったと思うので、その結果に自分でダメ出しします。結局、自分のがんばりを認めてあげられずに勝手に傷つき、自信を失うことになります。

　ですから、「相手にも期待しない、相手の期待にも応えない」と決めることが、よいコミュニケーションの秘訣です。

● 期待する
好きなおやつ出したら、勉強やってくれるかな。

● 期待に応える
好きなおやつ出そう。

おやつ食べたのに！

● 期待しない
今日も勉強しないだろうな。

● 期待に応えない
勉強したら好きなおやつ出そう。

おやつがまんしてまで、勉強したくないのか…

7章　良好なコミュニケーションの基本

2　自分を、ねぎらう・ゆるす・ご機嫌をとる

　これは、"自分への思いやり"という自信をつける、自己肯定感を上げると言われる手法です。自分に思い切り思いやりをかけて、自分にやさしくしてあげるものです。

　たとえば、「よくやったね」とねぎらう、「がんばったけど残念だったね、よしよし、ゆるす」と自分を責めずにゆるす、「楽しいことをさせてあげよう」「喜ばせてあげよう」と自分のご機嫌をとるなどです。

　これらを1日に数回するだけで、自分の自信をとり戻すことができて、自己肯定感も上がっていきます。

　すると、相手に対しても思いやり深く、忍耐強く接することができるようになるので、必然的に自分も相手も大切にできる"よいコミュニケーション"ができるようになります。

3　言いなりにならない、相手のご機嫌をとらない

　誰かの言いなりになっているとき、あなたの心・気持ちを改めて見つめてみてください。なんだか、あなたを包んでいる薄い膜は、凹んでいませんか？

　自己肯定感が下がっていると、相手はどんどん矢のように突いてくると言われています。すると、相手の機嫌をとろうと、また言いなりになってしまいます。そしてあなたは、"都合のいい人"として扱われてしまいます。

　それは、相手との間に境界がないからです。境界があれば、それほど無理なことはできないのですが、境界があいまいだと、人は相手にどんどん要求を増やしていきます。

　境界をはっきりさせるには、「YES」ではなく、「NO」を伝えることです。たとえそのあとが、面倒くさくてもです。

4　自分の気持ちを伝える

　相手とよい関係を築くには、「自分の気持ちをおさえたほうがいい」「相手に合わせたほうがいい」という教えを守ってきた方、多いのではないでしょうか？私もその一人でした。
　しかし、相手に合わせて、自分の気持ちを隠したり、偽ったりすると、「相手との関係は悪くなる」ことが研究で明らかになっています。これは、なんとなく人は感じ合うという存在だからだと思います。

　人は、相手がなんとなく「隠しているな」「ちがうな」ということがわかると、嫌な感じを受け、不信感を覚えるでしょう。あなたもそのような経験はないですか？
　たとえば、相手から「私は悲しい」「私は疲れた」「私はやめたい」と伝えられたとしましょう。あなたは傷つきますか？逆に、相手がこれらの気持ちを隠していたらどうでしょうか？なんだか嫌な感じだけが伝わってきそうですよね。そして、その相手とは楽しくいられないでしょう。
　通常、あなたの気持ちを伝えたところで、相手が傷つくことはないのです。自分の気持ちを素直に伝えたほうが、相手との関係はよくなります。
　また、人は感情で動くものなので、気持ちを伝えられると合わせようとします。疲れたなら、疲れていても大丈夫な提案をしてくれるでしょう。これが、よいコミュニケーションです。

● 相手に合わせて気持ちを伝えないと

● 気持ちを伝えると

5　アイメッセージで伝える

　アイメッセージとは、「私は」を主語にした言い方のことです。「私は〜」という言い方だと、人を傷つけません。逆に、「あなたは〜」という言い方は、相手への批判になるので相手を傷つけることがあります。

　「私は〜」を主語にしたコミュニケーションを心がけましょう。

● 「あなたは〜」

あなたは○○のほうがいいと思う

は〜？決めつけられたくない

はい…

● 「私は〜」

私は○○のほうがいいと思う

なるほど参考にしよう

はい

6　楽しいほうを選択する

　相手が傷つかないか？相手の機嫌を損ねないか？を心配して、選択を悩むことがありませんか。

　健全な相手は傷つきません。あなたをコントロールしようとする相手は、傷つくというよりは怒るでしょう。

　怒りの表現方法は、泣く、怒る、無視する、屁を曲げる、駄々をこねるなどなど、本当に多くのバリエーションがあります。

　反応はすべて、あなたをコントロールするためにしているだけで、本当に悲しいわけでもありません。だから、恐れないでください。

　その怒りを恐れたり、避けるための選択をすれば、相手の言いなりになってしまいます。そして、楽しくない選択だと尚更、あなたの心は沈んでしまいます。

　また、人は楽しい選択をするとうまくいくとも言われます。ぜひ、楽しい、ワクワクする方向を選択するようにしましょう。

7 病気にならない選択をする

「楽しい選択をしよう」の続きです。楽しくないと、人は心を病んでしまいます。人にやさしくできません。結果、人生がうまくいかなくなってしまいます。選択するときに、楽しくなくても、せめて"病気にならない"選択をしたいです。

病気になりそうなほどがまんする選択をすると、その歪みは必ず心の病として現れます。心がいっぱいいっぱいになったときに現れ、現れたときには立ち上がることが大変になっています。

心を病むと、よいコミュニケーションも難しくなります。選択基準のひとつとして、"病気にならない選択をする"と決めておくことも大切です。

8　お願いされなければ動かない・勝手に動かない

　やさしい人は、お願いされていなくても「きっと必要だから」「怒るから」「してあげるといいよね」という具合に、相手のために動きます。とてもいいことだとは思いますが、実はこれ、あなたの価値を下げています。

　なぜなら、人は願わなくても動いてくれる人のことを、"都合のいい人"と思ってしまうのです。

　心理学の実験でも、自分のためにしてくれた人のことよりも、自分がしてあげた人のほうを好きになるという結果があります。

　要は、「してあげる」と、相手に大事にされないということなのです。してあげるのも、ほどほどにということです。

　さらには、「余力で助けてあげると感謝される傾向もある」と言われています。ですから、まずは自分が満たされてから、余力があったらしてあげるとよいでしょう。

7章　良好なコミュニケーションの基本

9 「あなたはそうなのね」で対応する

　自分と相手とは、当然のことながら別の個体です。ですから、意見も感じる気持ちも同じになることはありません。でも、時折同じ意見を期待してしまったり、反論を恐れてしまったりしてしまいますよね。

　そんなときは、「別の個体だしちがうよね」と相手も自分もゆるして、「あなたはそう思うのね」と相手の意見を認めましょう。

　人は、自分を認めてくれた相手のことを"認める"という傾向があります。あなたが相手を認めれば、相手もあなたを認めてくれることでしょう。

　これは、相手も自分も正しいので、批判しないことにも通じます。すると、よいコミュニケーションができるようになってきます。

10　頼りましょう

　頼りましょう、そして喜びましょう。あなたのご機嫌をとりましょう。

　先述のように、人は助けた相手に好意を抱くので、頼ったほうがよいですよね。あなたが苦しいのに人を頼らないとき、あなたはだいたい苦しいオーラをまとい、周囲は重苦しい雰囲気を感じます。すると、周囲の人はあなたに近寄りがたくなってしまい、孤立することになります。人間関係がうまくいかなくなります。

　逆に、人に頼ってラクできて、うれしくて楽しいという雰囲気になっているとき、相手は助けてあげたから好きになってくれるし、周囲も楽しそうだから安心して、よいコミュニケーションが生まれてきます。ですから、とにかく頼んでみましょう。そして、喜びましょう。

　あなたがご機嫌を損ねないように、あなたはあなたをもてなし、あなたのご機嫌をとるのです。

頼ろうとしない子どもには

「頼る＝負ける」と思っている凸凹さんは多いです。ですから、「誰かに頼ってできたことも、助けてもらってできたことも、あなたがしたことにちがいはないよ」。だから、「助けてもらったほうがお得だよ」「偉い人は、人の力を借りられる人なんだよ、頼ろうね」などと勇気づけて頼らせましょう。

頼るハードルを低くして、頼ることを日常化して慣れさせていけば、だんだんとスルっと頼めるようになってきます。

最初、ことばで頼むことが難しい場合にはサインで教えます。お願いのサインを決めて、「いいよ」と返して助けてあげると、だんだんと頼めるようになります。

しかし、この方法はすごく拒否する子もいます。

そんなときには、甘えを育てることから始め、ちょっと心が柔らかくなったときに、「わからなかったら、教えてって言ってね」と伝えておくと、「教えて」と言えたりします。

少しずつ、少しずつ言えるように育てていくとよいでしょう。焦らずに。

章

アマトレで気持ちをコントロールする

● "気持ち"の存在を知る

　相手の気持ちに気づくには、まずは自分の気持ちに気づくことが必要です。自分の気持ちは、相手に気づいてもらって、翻訳してもらって、言語化してもらうことで育っていきます。

　まずは、子どもが何を感じているのか、どんな気持ちかを周囲がとことん言語化することから始めましょう。

　「悲しいね」「くやしいね」「さみしいね」「ざわざわするね」などの気持ちのことばがしっくりしてくると、自分でその気持ちに気づき、気持ちを分けられるようになり、コントロールしやすくなります。

そして、自分の中の気持ちがわかってくると、ようやく人の気持ちに気づくようになります。

　身体で感じる力が弱い子は、自分の身体と相手の身体をリンクできずに、相手が同じように感じていても、「相手も同じ気持ちだ」と気づきにくいので、こちらの気持ちを言語化して伝えていくことが有効です。
　「私は、くやしいよ」「私は、嫌だ」「私は、うれしい」「私は、怒ってるよ」「私は、もうしたくない」などです。
　たとえ嫌な気分について伝えるときも、責めないことが大切です。ただただ、こちらの気持ちを伝えるのみにしてください。

　私は、こうした対応を、「向き合う」と表現しています。子どもと素直に向き合うことによって、子どもは自分の気持ちに気づき、こちらの気持ちにもどんどん気づくようになっていきます。

　こうした学びを、子どもは他の子どもにも応用していきます。そしてさらに磨かれて、いろいろな人の気持ちに気づけるようになっていきます。

　また、思い込みが関係していたり、社会についてわかっていなくて、気持ちをコントロールできないこともあります。少しずつ教えてあげましょう。

自分の気持ちを伝えられないとどうなる？

● 子どもにとって

　子どもが気持ちを言語化できないということは、相手に気持ちを伝えたくても、伝えられないということです。

　伝えなくてもいいじゃないかと思う人もいるかもしれませんが、人間、特に子どもというのは、気持ちをわかってほしいものです。

　だから子どもは、気持ちを伝えようとあの手この手を使います。ときには暴れたり、人に危害を加えたりと、あまりうれしくない方法で気持ちをわかってもらおうとします。

　しかし、大概その行動は「甘えたい」「気持ちをわかってほしい」とは読みとってもらえずに【問題行動】として受けとられてしまいます。

　そうなると、気持ちをわかってもらうどころか避けられて、よりわかってもらえない方向に向かいます。

　結果、問題行動とされる行動は続くことになりますし、より強くなっていくことが散見されます。

　子どもにとっては悲劇です。

● 親にとって

親も、子どもに気持ちを伝えていく必要があります。

子どもに気持ちを伝えていかないと、誰も子どもに親の気持ちを伝えてはくれません。それは、子どもが相手の気持ちをわからずに過ごし続けることになります。

「ある行動をしたら、相手はこう思う」という学びは、その場で相手から学ぶものだからです。

子どもに親の気持ちがわかってもらえないということは、ずっと思いやってもらえないことになります。

それって、悲しいですよね。脳は必要だと感じれば発達します。相手の気持ちの理解も思いやりも、私の発達支援教室の多くの子どもたちが見せてくれているように、少しずつですが、必ず育っていきます。

● 自分の気持ちを伝えられるようになる

　子どもが、自分の気持ちを伝えられるようになるためには、

●　子どもの気持ちを読みとったときに、常に言語化して子どもに伝えます。言語化した気持ちを、「言ってごらん」と促し、子どもが自分の気持ちを整理できるようにします。

●　子どもが気持ちを言ってくれたら、「そうだよね」と返し、「わかった」と伝えます。

　このくり返しで、だんだん自分の気持ちをつぶやけるようになっていきます。

● つぶやけるようになったら、会話のやりとりの中で、気持ちのことばを使うように促します。たとえば、頼むときなどに、「〇〇（こんな気持ち）だから、〇〇したい（して）」などです。

　こんなふうに、子どもから言えたらいいですよね。具体的な方法をその都度教えていくと、自分の気持ちを伝えられるようになっていきます。

1　感情をコントロールする

（1）楽しくてやめられなくなったとき

楽しくてやめられないとき、自分の気持ちを伝えて、なぐさめて、やめさせることが大切です。なぐさめられるほど、忍耐強くなり、臨機応変力もついていきます。また、人は、誰かに喜んでもらうと「次もしよう」とするものなので、叱るよりも、喜んだほうが習慣化するには有効です。

● 子どもの気持ちを **理解してことば** にし、**自分の気持ち** を伝え、「**よしよし**」し、やめられたら、**喜び** ます。

（2）傷ついて怒りが湧いてきたとき

誰かに傷つけられて、怒っているときの好ましい怒りのコントロール方法は、「自分の気持ちをただ伝えるだけ」というものです。

> ● 子どもの気持ちを **理解** して、「**よしよし**」します。気持ちを **ことば** にして、**好ましい方法**（自分の気持ちを相手に伝える）を教えます。

自分の気持ちを言おう
「そんなことされると悲しいよ」
「やめてほしいな」って
次は相手に言おう

「やめて」って言う

● ワンポイント！

「怒ってはダメ」とは、決して言ってはいけません。なぜならば、「怒り」は自分の境界を何かに侵されたときに感じるものなので、感じてもいいものなのです。怒りを封印してしまうと、その怒りを感じないように他の脳が対応しようとします。そしてこれが、キレる脳の正体です。

（3） 傷ついて気持ちが沈んだとき

　子どもが傷ついて、気持ちが沈んでいるときに、社会についてわかっていないかもしれないと感じた場合や、子どもの思い込みが関係している場合には、気持ちを聞いて、傷ついた気持ちをわかってから、少しずつ教えてあげましょう。

> ● 発表のとき、否定的な対応をされた
>   → みんなから嫌われている

　→ 社会の仕組みを伝える

「悲しかったね。だけど、みんなだった？誰でも嫌いな人もいれば好きな人もいるから、あなたのことを好きな人はいるよ。大丈夫」

　→ 思い込みの他の視点から見る

「他に原因があるかもしれないから、仲のよい子に聞いてみてもいいかもね」

● あいさつを無視された

　→私のこと嫌いなんだ

　→ 社会の仕組みを伝える

「あいさつが嫌いな子もいるよね。あいさつが嫌いなだけだから、あいさつしない子としてお付き合いをしよう」

　→ 思い込みの他の視点から見る

「でも、あいさつが聞こえなかったとか、忙しくて反応できなかったとかない？そういうとき、みんなあるよね」

● ワンポイント！

子どもが傷ついて気持ちが沈んでいるときには、まずは気持ちを聞いてあげてください。決して意見を言わずに、ただただ、傷ついた気持ちをわかってあげて、よしよししてください。このなぐさめられる経験で、"傷つく気持ち"を自分の中に統合することができます。そして、次につなげていけます。

2　無理しない方法を教える

（1）やめたい・あきらめたいとき

　やめたかったり、あきらめたくなっているときは、ものごとが思い通りにならないときです。苦しくて、イライラしますね。おそらく、難しくて逃げたい、疲れてもう耐えられない、がんばりすぎてもう無理、というような状況だと思います。

> ① 子どもの気持ちを **理解**して、**ことば** にして、「**よしよし**」します。そして、**好ましい方法**（楽しいほう・病気にならない選択）の選択肢を提案します。

② 子どもの選択に応じてください。そして、自分で選択したことを伝える方法を教えます。

③ 伝えられたら、**喜び**ましょう。

● ワンポイント！
上手に断ることは、社会で大切なことです。できるだけ、社会に出たときに役立つ方法で教えたいですね。もちろん、耐える力も大切なので、できるところまではさせ、子どもの状況に応じて、無理をさせないように、荒れることが少ない程度に進めていきましょう。

（2） お休みしたくなったとき

　子どもがお休みしたいときには、身体的、心理的に疲れていることが多いです。行きたくない理由は、ひとつではなく複合的なものだと言われています。原因の特定が難しいため、原因をとり除くことでの解決は難しいです。

　しかし、心に負担を与えれば与えるほど、子どもは行けなくなります。まずは、心の負担を軽くすることをしましょう。
　子どもは、なぐさめられればなぐさめられるほど心が強くなり、耐える力が増します。たくさんなぐさめてあげましょう。

> ① 子どもの気持ちを **理解**して、**ことば** にして、「よしよし」します。

② 行き渋りや軽い負担でしたら、なぐさめるだけで立ち直り、自ら「行く」と言えることが多いです。忍耐強く、なぐさめてください。

● ワンポイント！

親としては、「行かせなくてはならない！」とがんばってしまう気持ち、わかります。一度行かないと、「ずっと行かなくなってしまうのではないか」などと不安になります。しかし、親ごさんがそのことに縛られてしまうと、親ごさんが不安になってしまいます。なぐさめるときに、なぐさめる側に不安があるとよくありません。親ごさんが楽しく過ごすことが、子どもの心を強くします。まずは、親ごさんが少しでも楽しく過ごすようにしてみてください。

（３）　逃げたくなったとき

　子どもは、ゲームで負けそうになっているときや、もうしたくないと思ったとき、耐えられなくなったとき、気分を変えたいとき、「逃げたい」と思うようです。

　でも、逃げるとよくない場面がありますね。また、無言で逃げると状況がよくないことがありますね。

　ですから、逃げないように教えるのですが、どうしてものときには、「お願いして去る」という方法を教えていきたいと思います。

> ① 子どもの気持ちを **理解**して、**ことば** にして、「**よしよし**」します。そして、**自分の気持ち** を伝えます。

A 逃げないでほしいとき

自分の気持ちを伝え、「**よしよし**」します。

B 逃げてもいいとき

子どもの気持ちを **ことば** にして、**好ましい方法**（お願いして去る）を教えます。

● ワンポイント！

くり返すことで、だんだんと逃げなくなっていき、逃げたくなったときには、自分の気持ちを相手に伝えて、お願いして去れるようになっていきます。

3 怒りの気持ちをコントロール

● 「怒りのもと」の気持ちを整理する

　誰でも、怒りたくなったときは、自分の領域を侵されて、傷ついているときです。
　「怒ってはいけない」と指導をするよりも、怒りたくなったときは、「怒ってもいいこと」「上手に怒りを表現する方法」を教えていきましょう。

　怒りのコントロールは、耐える力と密接にかかわっています。耐える力は、なぐさめられることでついていきますので、くり返すことで、怒りに耐える力もついてきて、怒りにくくなります。

怒りたくなったときに、その怒りを生んだ気持ちが何かを感じてみてください。「悲しい」「さみしい」「くやしい」「傷つく」「イライラする」「むかむかする」などの気持ちだと思います。

　これらがもとになって、気持ちが発酵すると、怒りに変わります。

　怒りも、自分の気持ちを言語化してもらうことで、子どもの中に、怒りの気持ちのことばが記憶されて、怒りの気持ちのコントロールが進みます。

　さらになぐさめられることで、耐える力が育ちます。結果、怒りのコントロールができていきます。

（1） 疲れてできなくて怒っているとき

① 子どもの怒りのもとの気持ちを **理解**して、**ことば** にして、「**よしよし**」します。

② **好ましい方法** を提案します。

・やり方の工夫を提案　　・休みながらやる方法を提案

（2） 上手にできなくて怒っているとき

① 子どもの怒りのもとの気持ちを **理解**して、**ことば** にして、「**よしよし**」します。

② **好ましい方法（これでよし）**をつぶやき続け、本人の意識を変えます。

（3） できない感が強くて怒っているとき

① 子どもの怒りのもとの気持ちを **理解**して、**ことば**にして、「**よしよし**」します。

② できているところを **ほめて**、できる感を育てます。

（4） できないを指摘されて怒っているとき

① 子どもの怒りのもとの気持ちを **理解**して、**ことば**にして、「**よしよし**」します。

② **好ましい方法（やめて）を教えて**、見守ります。

> ● ワンポイント！
>
> 「できない」を指摘されて、やろうとしないときは、何も言わないで見守りましょう。自分からやり始めたら、「いいね！」と喜びましょう。

「できない人」の意識を捨てる

　子どもができない自分の気持ちを伝えたあとには、だから「こうしたい」「こうしてほしい」が出てきます。

　子どもに苦手さがあると、ついつい「できない人」と思って、通常のかかわりではなく、かなり容赦したかかわりをしていることが多くあります。

　それは、やさしい、よい対応に感じますが、好ましいかかわりを学ぶ機会を奪われていることになります。

　また、容赦され続けていると、子どももしてもらうことが当然になります。そして、してもらうことへの要求が増幅していき、結果、してもらえないときに耐えられず、荒れる、暴言・暴力などが起こってくることになります。

　それは、相手側に「してあげている意識」が大きければ大きいほど起こってきます。「してあげる」のは、健全なコミュニケーションではないからです。

　「できないなら（から）、教える」の意識でかかわることが大切です。あなたが感じた気持ちを素直に伝え、してほしいことや、したほうがいいこと（マナーや気づかいなど）を素直に教えるだけです。

　人は、影響し合うかかわりが必要なのです。人として向き合い、してほしいことを少しずつ進めながら教えていくのです。それを日常でしていると、自然と社会的な行動が身についていきます。

章

アマトレで人とのコミュニケーションを育てる

● 凸凹さんたちは、会話のルールの理解が難しい

● 会話のルール１・暗黙の了解：身体の特徴など（太っている、毛が少ない、チビなど）は、言ってはいけないことがわかっていない。また、思っていても声には出さないというルールもわからない。
→ 実際の場面やシュミレーションで、声には出さないという練習が必要です。

● 会話のルール２・文脈の理解（ニュアンス、流れ）：相手の言ったことを受けて返す、話の流れをつかんで理解するのが、苦手。
→ 一つひとつ、ずれたときに流れを思い出させて応える練習をするとよいでしょう。

● 会話のルール３・交代で話す：会話はキャッチボール（交代で発話）の意識が少ない。
→ 会話のカードゲームなどを使って、交代で話す練習をするとよいでしょう。さらに、「聞く」カード、「話す」カードを作成して、ゲームのときなどに使って、会話のキャッチボールの意識を育てると効果的です。

● 会話のルール４・相手の話に反応する：相手が話したことや話しかけたことに、反応しなくてもよいと感じがち。また、わかっていても、面倒だったり、返し方がわからないと黙っている。
→ 肩をたたいて、「話しかけています」「返事がないと悲しいです」

と伝えつつ、返事がないと損をする経験をさせるとよいです。返事をしてもらえないという仕返しも結構効果があります。

● **会話のルール5・関連することを話す**：「ウサギと言ったら白い」、「白いと言ったら雪」のように、会話は関連があるもので進んでいきますが、そのルールがわからないことが多い。話したいことを話してしまう。
→ 「今、それは関係ないよ」と教えてあげましょう。連想ゲームで練習するとよいです。

● **会話のルール6・質問の内容を話す**：聞かれたことに答えるのではなく、聞かれたことではないことを（勝手に答えたいことを）答えることがある。
→ 再度聞き直して、答えてもらいます。ただ、質問に対してどう答えていいかわからないときにも同じ反応をしますから、「答え方がわからない？」と聞き、好ましい答え方を教えてあげましょう。「どう答えたらいいの？」と言えるように教えるのも大切です。

● **会話のルール7・会話を奪わない**：会話をしていると、話をさえぎって自分の話ばかりする子がいます。一応交代では話していますが、会話泥棒と呼ばれる状態になる。
→ 「まだ話し終わっていないよ」と教えてあげましょう。そして「話が終わって1秒たったら話す」の、暗黙のルールも教えてあげましょう。

1　知らない人との会話ルール

（1）　知らない人に話しかける

　園などで、急に知らない親ごさんに今日の出来事を話し始める子どもがいます。人懐っこいという意味ではよいかもしれませんが、相手は驚きます。

　また、どこでもいろいろな人に話しかけるので、親ごさんとしては誘拐などの事件に巻き込まれないか心配です。

　子どもが知らない人に急に話しかけるときは、話の長さや深さなどにはコツが必要です。

　知らない人から急に長い話をされたり、もし相手にとって不快な話だったら、驚かせてしまいます。社会的な理由も、子どもの理解の程度に合わせて伝えましょう。

こんにちは今日はいい天気ですね
さっきそこで私の好きなちょうちょがいたんです
とてもきれいでしたまだいるかもしれないですよ！

① 子どもの気持ちを **理解**して、「**よしよし**」し、**好ましい方法**（あいさつ＋天気）を教えます。

でも、話しかけられると驚く人もいるんだよ
最初は「あいさつと天気」だけにしよう

気持ちのいい天気だね
伝えたくなるよね
わかるよ

よしよし

ふーん そうなんだ

② 知らない人に話しかけることの意味や話の長さをコントロールするには、練習が必要です。機会があるたびに**好ましい方法**を伝えていきましょう。

こんにちは
いい天気だね
元気がいいね〜

こんにちは
いいお天気ですね

あいさつと天気だけ
わた‥

● ワンポイント！

すぐに忘れてしまうかもしれませんので、身につくまでは、好ましい方法をつぶやきましょう。

9章 アマトレで人とのコミュニケーションを育てる

（2） 相手が困っていることに気がつかない

　知らない相手でも、子ども同士だと平気で話しをしたりしますので、「相手が困っていなければ大丈夫」としてもいいと思います。

　しかし、やはり話が長かったりすると、相手が困ってしまうときがあります。相手が困っているときの対処法を教えておきましょう。

① 子どもの気持ちを **理解** して、「**よしよし**」します。そしてまずは、相手が困っているかどうかを判断できるようにしなくてはなりません。困っている顔を覚えさせるために、実際にこちらが困った顔をして見せます。

② 次に、困っている顔をしたら、どうしたらいいか、**好ましい方法**（相手が困っている顔をしたら、「嫌な気持ちにさせてごめんね」とあやまり、やめる）を教えます。

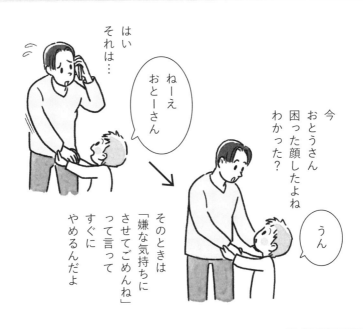

③ できたら **喜ぶ** の練習を日常でくり返します。

2　子ども同士で揉めてしまう

（1）　思い通りにならないとき

思い通りにならないとき、けんかを始めないようにするためには、一緒に遊ぶときの暗黙のルールを教える必要があります。

① 子どもの気持ちを 理解して、「よしよし」します。

② そして、**暗黙のルール** を教えます。

● 貸したくなかったら、貸さなくてもいい

→ 借りられないときもある

→ あなたも貸さなくてもいい

今使っている子が貸したくなかったら貸さなくてもいいんだよ

他の子が使っていたら遊べないときもあるんだよ

だから○○ちゃんも嫌だったら貸さなくてもいいんだよ

③ ルールを理解したら、**好ましい方法** を教えます。

→ 他のものでがまんする

→ 待つ（使っていた子が2メートル以上離れるまで）

→「あとで貸して」と言う（貸してくれるまで待つ）

わかった

だからどうしても遊びたかったら終わるまで待つか「あとで貸して」って言おうね

9章　アマトレで人とのコミュニケーションを育てる

（2）暴力をふるってしまうとき

　暴力をふるうのは、暴力でしか表現できないからです。ですから、暴力になる前に表現したい気持ちを読みとり、表現の方法を教えていくことが大切です。怒りのコントロールは、日々の気持ちを吐く練習が有効です。少し子どもがイラっとしたら、練習してください。

> ○ 子どもがイラッとしているなと感じたら、子どもの気持ちを **理解** して、「**よしよし**」します。そして **好ましい方法** （気持ちを吐きながらため息）を教えます。気持ちを吐くとすっきりするので、怒りに達しなくてすみます。

○ **好ましい方法**（気持ちを言語化する）を練習をします。

●ワンポイント！

暴力が出たときに練習できればよいのですが、なかなか難しいと思います。日々、相手に伝える練習をするとよいですね。日々の練習が、とっさの怒りたい気持ちに対応できるようになっていきます。イラっとしたときにすっきりする体験をすると、今後もするようになります。

3　きょうだいで揉めてしまう

（1）　きょうだいげんかが絶えないとき

　きょうだいは、年齢が離れている分、理解力に差があります。ですから、年下のきょうだいが上のきょうだいに対して理不尽なことをして、上のきょうだいが怒る、ということが多いような気がします（凸凹さんだと逆もあります）。

　どんな状況にしろ、年齢関係なく、してはいけないことは教える。年齢関係なく、好ましい対応を教えることが大切です。

　小さいからゆるされる、障害があるからゆるされる、はなしです。

● 子どもたちの気持ちを **理解**して、「**よしよし**」します。
そして、**公平**に、**ルール・暗黙のルール**を教えます。

●ワンポイント！

子どもは敏感に親ごさんの対応を感じています。どちらかだけが優遇されていると感じてしまうと、あとあと素直になれなくなってしまいます。相性もあると思いますが、できるだけ公平に教えていきましょう。

（2） きょうだいにきびしいとき

　子どもは、「きょうだいは自分と同じ立場だ」と感じてしまうものです。たとえば、自分ががんばっていると、きょうだいにも「がんばれ」と思ってしまうのです。きょうだいにきびしい子は、とてもがんばっているかもしれません。そこで、きょうだいにきびしい子に対しては、正しいことを言っていることを認めてあげましょう。

● 気持ちを **理解**して、「**よしよし**」します。そして **暗黙のルール** を教え、自分に視点を持てるように促します。

きょうだいに「がまん」をさせてしまわないように

　親ごさんは、つい手が回らずに凸凹さんのきょうだいにがまんさせてしまいます。

　後回しで待たせてしまうことが多かったり、予定を優先してもらえなかったり、甘えさせてもらえなかったり、かまってもらう時間がなかったり、などなどです。

　がまんが多くなると、だんだんと自己肯定感が低くなってしまいます。健全な心の発達ができなくなってしまいます。

　表面上はよい子で自立しているように見えても、実は自分は何がしたいかなどわからずに、自分は必要な人間だと思えずに苦しんでいたりします。

　きょうだいへも目を配りましょう。たとえば、
- 機会を見つけては、2人でデートをする
- 常にほめる（1ミリの成長を喜ぶ、感謝を伝える）
- すべての子どもに公平に（同じように教える）
- スキンシップを多くとる
  （ハイタッチ、よしよし、ぎゅーする）

　このように、かわいがり、喜びスキンシップするということをくり返すと甘え上手になります。がまんをしすぎずに、素直に自分の希望や意見を言えるようになっていきます。

　どんな子どもも、子どもは、子どもらしく、「甘えて」育ちたいのです。

親ごさん（自分）の甘えを育てる
アマトレ Q&A

Q すぐに"イライラ"してしまい、自己嫌悪におちいります。

A 自分をなぐさめてあげる（よしよし）

　イライラしてしまうとき、あなたはとてもがんばっているのだと思います。あなたはがんばって育児し、家事をし、お仕事をし、勉強し、などなどがんばっているのではないでしょうか。あなたに余裕がなくなってしまっているのだと思います。

　誰しも、自分ががんばっているときには、相手にもがんばりを求めてしまうものです。そして、自分が苦しいときには、より一層思ってしまいます。

　だから、あなただけじゃないのです。余裕がなければ、仕方がないのです。それだけ、あなたはがんばっているのです。自己嫌悪にならなくて大丈夫です。

　だから、あなたは自分を責めず、「がんばっているよね、余裕ないよね、苦しいよね、**よしよし**」と、自分をなぐさめてあげてください。

そして、がんばっているばかりで、楽しいことをしていないとイライラするものです。
- これからがんばるのをやめましょう
- 自分をたくさんねぎらいましょう
- 自分に楽しいことをさせてあげましょう
- 自分を癒してあげましょう
- 自分にご褒美をたまにはあげましょう

　少しずつ、イライラは少なくなっていくと思います。

　それでもイライラする場合には、【子どもの問題は自分に責任がある】と思い込んでいるからかもしれません。子どもが起こしたことは、すべてがあなただけの責任ではありません。
　子どもが問題を起こしたときに、あなたがすることは教えることだけなのです。解決する好ましい方法を教えて、子どもが解決できるようにサポートすることです。

● ワンポイント！

　子どもは、失敗をくり返しながら学んでいくものです。ですから、失敗してもらえばいいし、経験してもらえばいいのです。子どもには子どもの学びのペースがあるのです。
　だから、あなたはただ見守り、サポートしていけばいいのです。あなたと子どもを混同してはいけません。子どもとあなたは「別の存在だ」という認識に立てることでも、イライラはかなり減っていきます。

> Q どうしても子どもをゆるせないとき
> どうしたらよいのですか?

A 子どもから離れて穏やかな時間をすごす

　どうしても子どもをゆるせないとき、ありますよね。そんなとき、あなたはあなたを責めないことが大切です。「ゆるせないくらいつらかったんだね、悲しかったんだね **よしよし**」と、あなたをねぎらい、自分に思いやりをかけてあげることが大切です。

　どうしても子どもがゆるせない場合、少しその場から離れましょう。そして、あなたがしたいこと、楽しいと思うこと、癒されることに触れましょう。落ち着いたら、また子どもと向き合い、穏やかに好ましいことを教えましょう。

> Q 先生もむしょうにイライラすることはありますか？
> そのときはどうしていますか？

A 自分の心の声を敏感に聞いてあげる

もちろん、私もイライラすることはあります。イライラするときは、私に余裕がないとき、心が整っていないときだと思います。

私がこの状態のときは、なるべく楽しんだり心を整えたりします。

私の場合は、
- ベランダで瞑想
- ベランダでお昼寝
- ベランダでコーヒー、読書
- 着物を着る
- 犬に抱きつく

を自分にさせてあげます。

大切なのは、自分の心に余裕がないこと、心が整っていないことに気づくことです。だから、私は自分の心の声に敏感になるようにしています。

> **Q** 子どもが傷つかないようにと、
> いろいろしすぎてしまっているような気がします。

A 子どもは傷つく（失敗する）ことで成長する

誰しも、子どもがかわいいものです。つい、「心配しすぎてしまう」「子どもが失敗しないように手助けしすぎてしまう」「子どもが悩む前に教えてしまう」などなど、してしまうことありますよね。

そんなあなたは、いい人でやさしい人です。でも、悩んでしまう通り、子どもの成長にはあまりよくありません。

子どもが傷つかないままに成長してしまうと
・傷つくのが怖くて挑戦できない子に
・傷ついたことがないから、耐える経験がなく耐えられない子に
・傷つけられたときにパニックになる子に
・傷つくのを恐れて人のせいにしたり、人を攻撃する子に

人は、傷つくこと（失敗すること）から学びます。失敗などして傷つくから、頭を使って今度はうまくいくように考えるのです。

また、忍耐力は、傷ついてつらさをなぐさめられることでついていくものです。だから、傷つくのを恐れるのはやめましょう。

そして、子どもが傷ついたあとは、子どもの気持ちを理解してあげて、たっぷりとなぐさめてあげることが必要です。

Q 子どもを上手になぐさめられないのですが、どうしたらいいでしょうか？

A 子どもへのネガティブ感情を受けとめられる自分に

なぐさめられないとき、あなたの中に苦手な感情があるのだと思います。それは、子どものネガティブ感情です。

なぐさめるとき、否が応でも子どものネガティブ感情に触れなくてはなりません。でも、その感情が苦手な場合、とても「わかるよ」となぐさめることなどできませんよね。一刻も早く、「その感情をなくしたい」と思ってしまうでしょう。それは、当然です。

ここでも、自分をとことんなぐさめてください。自分に対して、「よくやっているよ、がんばったね」、「わかるよ」と声をかけ、「つらかったね、悲しかったね、**よしよし**」となぐさめてください。

さらに余力があれば、たまに自分にご褒美をあげてください。自分がよくやっているご褒美です。

自分をとことんなぐさめて、自分をとことんほめ、自分にとことんご褒美をあげてください。これを、「自分への思いやり（セルフコンパッション）」と言います。

自分への思いやりができるようになると、子どものネガティブ感情を受けとめられるようになります。

さいごに

　私は、知的障害児の母親です。ことばを話せず、反応が薄いわが子を、かわいいのだけれど、いつも問題を突きつけられて不安が大きすぎて、微妙に愛せないのがつらい、と思っていました。もっとわかり合いたいけれど、どうしたらことばや行動で示してくれるように成長させることができるかわからないと困惑し、本当に、出口のない暗闇を歩いているようでした。

　知的障害児の子育ては、常に予想外の出来事に襲われます。そして、一難去ってまた一難、が正直な感想です。私も子どもの成長とともに起きてくる、さまざまな問題に日々向き合っています。

　しかしながら、アマトレを確立してから随分と楽になりました。なぜなら、自分の問題と子どもの問題とを分けられ、自分のこともゆるせて、子どものこともゆるせるから、とても精神が安定するのです。

　私は、本当に楽に、心安く子どもたちに向き合えるようになりました。そして、力まずに子どもたちに教えることができ、定着させることができるようになりました。

　これは、親子双方を傷つけずに、共に歩めるメソッドであり、親子が仲良くなるメソッドであり、誰も傷つけずやさしく社会適応を促すメソッドです。

　アマトレが広がり、みんながやさしい空気に包まれますように。みんなが幸せな社会になることを願っています。

2024年7月　細井晴代

○ 参考文献（順不同）

- 『事例でわかる！愛着障害 現場で活かせる理論と支援を』／米澤好史著／ほんの森出版（2020）
- 『発達障害・愛着障害 現場で正しく子どもを理解し、子どもに合った支援をする『「愛情の器」モデルに基づく愛着修復プログラム』』／米澤好史著／福村出版（2015）
- 『はじまりは愛着から 人を信じ、自分を信じる子どもに』／佐々木正美著／福音館書店（2017）
- 『愛着アプローチ 医学モデルを超える新しい回復法』／岡田尊司著／KADOKAWA（2018）
- 『メンタライジングの理論と臨床：精神分析・愛着理論・発達精神病理学の統合』／J.G.アレン他／北大路書房（2014）
- 『子どもの感情コントロールと心理臨床』／大河原美以著／日本評論社（2015）
- 『自閉症のこころをみつめる』／小林隆児著／岩崎学術出版社（2010）
- 『「甘え」とアタッチメント 理論と臨床』／小林隆児・遠藤利彦編／遠見書房（2012）
- 『母子関係の臨床心理』／松尾恒子著／日本評論社（1996）
- 『アタッチメント 生涯にわたる絆』／数井みゆき・遠藤利彦編著／ミネルヴァ書房（2005）
- 『アタッチメントを応用した養育者と子どもの臨床』／ダビット・オッペンハイム編・数井みゆき訳他／ミネルヴァ書房（2011）
- 『子どものそだちとその臨床』／滝川一廣著／日本評論社（2013）
- 『子供の「脳」は肌にある』／山口創著／光文社（2004）
- 『身体知性 医師が見つけた身体と感情の深いつながり』／佐藤友亮著／朝日新聞出版（2017）
- 『「感情」の解剖図鑑：仕事もプライベートも充実させる、心の操り方』／苫米地英人著／誠文堂新光社（2017）
- 『怒りをコントロールできない子の理解と援助』／大河原美以著／金子書房（2004）

著 者

細井 晴代 （ほそい はるよ）

1977 年、生まれ
2001 年、愛知県刈谷市役所へ保健師として勤務
2008 年、養護教諭免許取得
2011 年、発達支援教室クローバー設立
2014 年、愛知教育大学大学院修了
　　　　（特別支援教育科学専攻、教育学修士取得）
2015 年、愛知教育大学非常勤講師として勤務

発達支援教室
クローバー

〒 472-0057　愛知県知立市西 2-3-23
☎ 0566-83-1788
開校時間　10：00 ～ 20：00（年中無休）

hattatsu-clover.com

イラスト …… まうどん

発達障害の子のアマトレのススメ
甘えを育てながら自己肯定感を高める発達支援

著　者　細井　晴代

初版発行　2024 年 9 月 1 日

発行所　ぶどう社
　　　　編集／市毛　さやか
　　　　〒 104-0052　東京都中央区月島 4-21-6-609
　　　　TEL 03（6204）9966　FAX 03（6204）9983
　　　　ホームページ　http://www.budousha.co.jp

印刷・製本／モリモト印刷　用紙／中庄